Dieses Buch widme ich meiner geliebten Frau Lili. Ich danke Dir für Deine Liebe, Deine Geduld, Dein Verständnis und Deinen Humor. Du machst meine Welt zu einem besseren Ort.
Von Ewigkeit zu Ewigkeit. Und noch viel weiter.
Bleibt nur noch eines zu sagen: Ohne dich schlaf ich heut` Nacht nicht ein…

Jihadismus in Österreich

Eine gesellschaftliche Herausforderung

Bibliografische Information der Deutschen Nationalbibliothek:
Die Deutsche Nationalbibliothek verzeichnet diese Publikation in der Deutschen Nationalbibliografie; detaillierte bibliografische Daten sind im Internet über dnb.dnb.de abrufbar.

© 2019 Markus Hahn
Herstellung und Verlag: BoD – Books on Demand, Norderstedt.
ISBN: 9783741204821

Danksagung

Einen herzlichen Dank an meine Oma Magdalena, für die Unterstützung, die Liebe und ihr Verständnis. Deine Gedanken und Gebete bedeuten mir sehr viel.

Dr. Amer ALBAYATI, Islam- und Terrorexperte für das private Gespräch und die vielen tiefen Einblicke in den Islamismus und Jihadismus in Österreich.

Prof. Leopold NEUHOLD für die perfekte Betreuung, die Geduld und sein Engagement.

Danke auch an meine Kinder Lucy-Desiree und Levin-Joseph Martin. Ihr seid die besten Kinder der Welt.

Ein besonderer Dank geht an Susi, für ihre Liebe, Unterstützung, Verständnis und Geduld.

Danke an meine Mutter Andrea für die Unterstützung.

Ich bedanke mich auch bei meiner Schwägerin Nina, meinem Schwager Eugen und meiner Nichte Mia für ihre Liebe und Unterstützung.

Vielen Dank auch an Werner für die Kraft.

Dank auch an Dr. Hans Praschniker für die vielen anregenden Gespräche und Ideen.

Meinem Dank gilt auch den Strafgerichten für die Akteneinsicht.

Inhaltsverzeichnis

Danksagung.. 6
Einleitung.. 5
Kapitel I – Die theologische Grundlage............................ 8
   1.1. Der Islam 8
   1.1.1. Der Koran 11
   1.1.2. Hadithen 12
   1.1.3. Die Scharia 14
   1.2. Der politische Islam (Islamismus) 16
   1.3. Der Salafismus und die siegreiche Gruppe............... 21
   1.3.1. Die puritanische Strömung............................. 27
   1.3.2. Missionierende Bewegung............................. 27
   1.3.3. Die radikale Bewegung 28
   1.3.4. Die jihadistische Strömung............................ 28
   1.4. Terrorismus - eine Begriffsbestimmung................. 29
   1.4.1. Entstehung des internationalen Jihadismus 35
   1.4.2. Islamischer Terrorismus................................... 37
   1.4.3. Der Terrorismus des „IS"................................. 41
Kapitel II – Situation in Österreich 45
   2.1. Der Islam in Österreich 45
   2.2. Das alte und das neue Islamgesetz..................... 47
   2.3. Der islamische Extremismus – eine Absage an die Demokratie. 51
   2.4. Die Muslimbruderschaft in Österreich................. 57

2.5. Das Ziel ist ein Kalifat: andere islamistische Strömungen in Österreich 63

2.6. IGGiÖ – Islamische Glaubensgemeinschaft in Österreich 69

2.7. Die Da`wah als Instrument der Umgestaltung 73

2.7.1. Das Phänomen der Da`wah-Aktivitäten in Österreich 77

Kapitel III – Jihadistischer Terrorismus in Österreich 82

3.1. Terroristisches Szenarium in Österreich 82

3.2. Der Aufstieg der salafistisch-jihadistischer Gruppen und der Beginn des Jihadismus in Österreich 90

3.3. Der Jihad wird „heimisch" 95

3.4. Die funktionale Rolle der Imame 102

3.5. Argumentationsmuster 110

3.6. Auf in den Jihad – Österreicher im Kalifat 117

3.7. Sympathie für den IS 125

3.8. Radikalisierungsprozesse 129

3.8.1. Auswirkungen der islamistischen Radikalität. 134

3.9. Der Einfluss islamischer Vereine 143

3.10. Islamische Bildungsinstitutionen 146

3.11. Die unmittelbare Gefahr durch die Rückkehrer 151

Kapitel IV – Aussicht: Die neue Phase des Terrors und Gegenstrategien 158

4.1. Terrorbekämpfung und Gegenmaßnahmen 158

4.2. Ein Verbot islamistischer Gruppen als Möglichkeit? 163

4.3. Die Aufgabe der Moschee 165

4.4. Zusammenfassung und Aussicht *168*
Literaturangabe 175
   Bücher *175*
Online – Literatur 176
   Parlamentarische Anfragen *176*
   Zeitschriften *177*
   Weitere Quellen *188*
   Islamistische Propaganda *193*
   Islamische Internetauftritte *194*
   Abbildungsverzeichnis *195*
   Verweise *195*

Einleitung

Terror und Terrorismus sind ein stark emotional besetztes Thema, weil hier nicht nur mit den Ängsten der Bevölkerung gespielt wird, sondern weil Terroranschläge immer für unsagbares menschlichen Leid sorgen. Berlin, Nizza, Paris, Moskau – um nur einige Orte von islamischen Terroranschlägen zu nennen – stehen stellvertretend für einen neuen religiösen Terrorismus in Europa. Auch Österreich ist ins Fadenkreuz des „IS" geraten, nicht nur erst seit dem Österreicher als Jihadisten in Syrien und Irak wiederauftauchten. Dieses Buch geht der Frage nach der Entstehung des islamistischen Terrorismus (Jihadismus) in Österreich nach, wobei der Schwerpunkt der Forschung in der Betrachtung des sunnitischen Islams liegt. Diese islamische Strömung weist nach der Erkenntnis *Amer Albayati* das größte Gefahrenpotential in Österreich auf.[1]

Die Analyse basiert vor allem auf der Sichtung und Auswertung einiger Strafakte, einschlägigen Büchern und einigen ausgewählten Propaganda-Magazinen, die in einen Zusammenhang mit Österreich gebracht werden können. Die Sichtung aller verfügbaren Propaganda-Magazine, Videos und Dokumente können an dieser Stelle aufgrund des massiven Umfanges nicht geboten werden. Des Weiteren werden Parlamentarische Anfragen und Sicherheitsberichte sowie aktuelle Berichten in Nachrichtenmagazinen herangezogen. Aufgrund der Komplexität und Vielfältigkeit der Thematik und die strukturellen Verflechtungen der unterschiedlichen Gruppen und der grundlegenden Ideologie, bietet das Buch nur eine Übersicht über aktuelle Tendenzen. Sie bietet keine vollständige Analyse der grundlegenden Ideologie, sondern präsentiert gefährliche Entwicklungen und Radikalisierungsprozesse in Österreich.

Durch Sichtung einiger Strafakten bei Strafgerichten in Österreich, konnte eine tieferes Verständnis gewonnen werden. Da diese Daten teilweise sehr brisant sind und keine personenbezogenen Daten publiziert werden dürfen, wird in dieser Arbeit nicht auf ein konkretes Gericht verwiesen, sondern lediglich der Hinweis „Strafakten" vermerkt. Personennamen werden nur dann genannt, wenn diese bereits in der Presse veröffentlicht wurden. Ansonsten wird ein Pseudonym verwendet.

Im ersten Kapitel befasse ich mich vor allem mit der Fragestellung des Islamismus und dem jihadistischen Terrorismus. Gerade der internationale islamistische Terrorismus hat letztlich vor allem durch den „IS" eine strategische Veränderung erfahren, in dem der „organisierte" Terror durch einen zellenartigen Netzwerk- und Individualterrorismus abgelöst wurde. Im Zweiten Kapitel werden kurz relevante Entwicklungen des Islams unter besonderer Berücksichtigung islamistischer Strömungen in Österreich diskutiert. Dabei kann aber kein gesamtes Abbild der Situation islamischer Strukturen und Vereine geboten werden, vielmehr werden relevante Eckdaten und Gruppen kurz stellvertretend analysiert. Ausgehend von der Ideologie der Muslimbruderschaft werden bestimmte islamistische Aktivitäten wie die „Da`wah" als Rekrutierungsmaßnahme kritisch beleuchtet.

Das dritte Kapitel untersucht anhand von ausgewählten Beispielen ganz konkrete jihadistische Entwicklungen und Tendenzen in Österreich. Einerseits werden einige Beispiele von Jihadisten und ihre Biografie kurz gestreift, als auch Argumentationsmuster islamistischer Gruppen analysiert. Damit wird aufgezeigt, dass die „Theologie des Todes" und eine „Befreiungsideologie" dazu führten, dass sich mitten in Österreich terroristische Strömungen gebildet haben. Abschließend wird im vierten Kapitel ein Versuch gewagt, eine neue

Anti-Terrorstrategie vorzuschlagen, die vor allem auf einem Verbot islamistischer Gruppen aufbaut. Hier wird argumentiert, dass bestehende Moscheen und islamische Vereine stärker kontrolliert und überwacht werden müssen, damit radikale Tendenzen frühzeitig erkannt und bekämpft werden können.

Kapitel I – Die theologische Grundlage

1.1. Der Islam

Der Islam entstand im 7. Jahrhundert auf der arabischen Halbinsel und integrierte bei seiner Ausbreitung viele lokale Traditionen und Bräuche. Der „letzte" Prophet der Menschheitsgeschichte, Mohammed, lebte von 570 bis 632 n. Chr. und verbreitete die Verbalinspiration Gottes als „letzte" Chance der Menschen.

Von Anbeginn an trat diese aus den Beduinenkulten entstandene Religion bei ihren Eroberungen aggressiv und gewaltbereit auf. Im religiösen Kontext wird generell verniedlicht von „Öffnung" oder „Eröffnung" (Futūh) gesprochen, letztlich werden mit diesem Begriff vor allem die vielen kriegerischen Eroberungen der Muslime nach dem Tod Mohammeds bezeichnet.

Der Islam baut auf fünf Säulen auf:

1. Glaubensbekenntnis *(Shahada):* Es gibt keinen Gott außer Allah und Mohammed ist sein Prophet. Schiitische Muslime ergänzen es noch mit der Zusatzformel: Ali ist der Freund Gottes.
2. Das Gebet *(Salat):* In den allermeisten muslimischen Strömungen wird fünfmal am Tag in Richtung der Kaaba gebetet.
3. Almosensteuer *(Zakat):* Muslime müssen einen Teil ihres Vermögens zugunsten sozial benachteiligter Muslime zur Verfügung stellen.
4. Fasten *(Saum):* Im Fastenmonat Ramadan wird tagsüber gefastet, wobei Kranke, Schwangere, Reisende von dem Verbot ausgenommen werden.
5. Pilgerreise nach Mekka *(Hadj):* Während des Pilgermonats Dhu l-hiddscha muss jeder Muslim einmal in seinem Leben nach Mekka pilgern. Auch hier gibt es Ausnahmeregelungen.

Diese fünf Säulen gelten für alle muslimischen Glaubensströmungen, besonders orthodoxe Strömungen beharren darauf. Der Islam ist die dritte Weltreligion auf Basis einer Offenbarung und übernahm vielerorts die bereits existierende religiöse Praxis der orientalischen Christen und Juden. Daraus ergibt sich auch ein in vielen Punkten ähnliches Moral- und Wertsystem. Während die Christen aber an die Dreifaltigkeit glauben, greift der Islam den jüdischen Glauben eines einzigen Gottes auf. Diese Einheit Gottes (*Tauhid*) stellt auch eine fundamentale Sichtweise des Islams dar. Die Religion, die Mohammed nach seinem Tod hinterlassen hatte, stellt einen strengen Monotheismus dar, der von den Gläubigen vielerorts nur als Erneuerung des wahren Monotheismus Abrahams und Moses verstanden wurde.[2] Die arabische Welt war zu Zeiten Mohammeds in vielschichtige Sippen- und Stammesverhältnisse eingebunden, die bis heute noch in ihren Strukturen nachwirken und oftmals die Konfliktlinien darstellen. Durch die Wirkung Mohammeds wurde die vielfältige soziokulturelle, religiöse und politische Situation im arabischen Raum gebündelt und vereinheitlicht. Er begriff die unterschiedlichen sozialen, kulturellen, ökonomischen und politischen Dimensionen als eine allumfassend religiöse Situation und suchte daher nach einer universellen Lösung. Die von Mohammed neu gegründete und über Sippengrenze reichende religiöse Gemeinschaft, die „umma", löste die Bündnisse durch Blutsverwandtschaften ab und setzte an deren Stelle den gemeinsamen Glauben.

Während der mekkanischen Zeit Mohammeds gab es viele Anfeindungen von Ungläubigen gegenüber der neuen Religion, sodass Mohammed und seine Anhänger von Allah legitimiert wurden, sich dagegen auch mit Waffengewalt zu wehren.[3] Das übergeordnete Ziel dieses durchaus religiösen Konfliktes war die friedliche Koexistenz der unterschiedlichen spirituellen Glaubensrichtungen jener Zeit.

Erst später wurde daraus das Bestreben einen einheitlichen Glauben zu verbreiten und andere religiöse Weltanschauungen zu bekämpfen. Es wird hier bereits deutlich, dass der Weg zum Frieden über Krieg und Kampf führt. Der kriegerische Konflikt um Frieden zu erreichen zieht sich wie ein roter Faden durch die menschliche Geschichte, so auch im islamischen Glauben.

Der Islam war bis zur Hidschra 622 n. Chr., dem Auszug Mohammeds mit seinen Getreuen aus Mekka in die Stadt Medina, bereits ein weitgehend entwickeltes umfassendes System. Der Konflikt mit den heimischen Christen und Juden fußt vor allem darin, dass der Islam ihnen den Vorwurf machte, sie wären von ihrem monotheistischen Glauben abgefallen. Damit stellte sich der Islam als die einzige existierende Religionsform dar, welche auf einem Offenbarungswissen basiert und nicht durch „schädliche" Einflüsse verfälscht werden durfte. Dieser ideale Zustand des islamischen Systems stellt den Ankerpunkt der fundamentalistischen Strömungen bis heute dar. Der Islam ist ein auf dem Prinzip der Ehre errichtetes umfassendes System und nimmt viele aus der vorislamischen Zeit stammende archaische Denk- und Verhaltensmuster mit auf. Nach Ansicht von *Hamed Abdel-Samad* war der Islam bereits seit Anbeginn seiner Existenz wild und aggressiv.[4] Muslimische Feinde gelten als „*kuffar*" und mussten bekämpft werden. Feindliche Muslime wurden durch das Prinzip des „*takfir*" (Erklären von Gläubigen zur Ungläubigen, daher rechtlosen Personen) zu Feinden erklärt und durften ebenfalls getötet werden. Später sollte der „Islamische Staat" dieses Verständnis in seiner brutalen Vorgehensweise und seinem Kampf gegen die „ungläubigen" Schiiten anwenden. Während Christen oder Juden oftmals noch die Möglichkeit der Flucht gegeben wurde, wurden ungläubige Muslime durch Muslime getötet oder versklavt, eine Praxis die der „IS" wiederholt.

Der Islam als Religion, Weltanschauung, Ideologie und totalitäres Gesellschaftssystem stellt die Summe der gelebten Praxis jener Gläubiger dar, die sich auf den Koran berufen. Neben dem fundamentalistischen Zugang, gib auch den barmherzigen Zugang zu den tradierten Quellen des Islams.[5] Bei diesem ethischen Zugang werden gewaltbejahenden Suren weitgehend ausgeklammert oder zumindest historisch verstanden und damit für die Moderne relativiert. Wie für alle Religionen gilt auch für den Islam, dass dieser friedensstiftend gelesen werden kann, aber auch Krieg und Intoleranz fördern kann. Damit sind Frieden, Gewalt, Liebe, Barmherzigkeit, Mitleid, Intoleranz, Unterdrückung und viele weitere Gegenpaare bereits im Koran impliziert. Es kommt daher auf die Herangehensweise an. In diesem Kontext ist vor allem die radikale jihadistischen Interpretationsweise und in Bezug auf die Konfliktfelder mit Europa auch die Vorstellung von religiösen Gesellschaftssystemen von Belang.

1.1.1. Der Koran

Mohammed entwickelte mit dem Koran ein gültiges Gesetz für seine Anhänger und Nachfolger. Damit war er ein weiterer gesetzgebender Prophet, der in einer Linie mit Moses und seinen Geboten verstanden wird. Dem Propheten der Muslime wurden nach dem traditionellen Narrativ die Suren vom Engel Gabriel offenbart, die zunächst nur mündlich weitergetragen und erst später schriftlich fixiert wurden. Der so entstandene Koran-Kanon stellt eine selektive Auswahl dar, deren Richtigkeit aufgrund der rein mündlichen Weitergabe Mohammeds kaum garantiert werden kann. Der Koran ist vielfältig und kann und wird immer wieder neu gedeutet und für konkrete Zwecke verwendet, um nicht zu sagen instrumentalisiert und missbraucht.

Es lassen sich Passagen und Suren in Verbindung mit bestimmten Lebensabschnitten Mohammeds bringen.[6] Mit der Hidschra änderten sich nicht nur der Inhalt des Korans, auch die Bedürfnisse wurden immer mehr politisch und kriegerisch. Von der poetischen Sprache blieb nicht mehr viel übrig, Gott wurde unbarmherziger gegenüber den Ungläubigen. Im Koran gibt es kaum zusammenhängende Erzählungen über das (Privat)Leben Mohammeds, aber die Suren spiegeln vor allem das psychische Leben des Propheten wider. Seine Hoffnungen, seine Ängste, seine Ansprüche, seine Wünsche, seine Ziele, die Möglichkeit der Umsetzbarkeit, die tiefe innerliche Zerrissenheit, seine bis heute die Muslime prägende Einstellung zu Frauen und vieles mehr sind Teil der Suren. Daher kann der Koran als die psychische Biografie Mohammeds verstanden werden.[7]

Die Überlieferungen des Korans sind Bausteine eines nationalen Gründungsmythos mit implizierter Rechtfertigungsideologie. Solche Überlieferungen dienten den Menschen damals, aber auch noch heute in identitätstiftender Funktion, sie erklären die Welt, leiten das Verhalten der Gläubigen durch Vorgabe bestimmter Werte, Normen und Gebote. Die bildhaften Geschichten des Korans sind Quelle der Inspiration für Muslime auf der Suche nach der eigenen individuelle aber auch gesellschaftlichen Identität, nach Selbstbewusstsein und der eigenen Geschichte.

1.1.2. Hadithen

Die Figur Mohammed stellt die Vorbildrolle für die Verhaltensweisen von Muslimen weltweit dar. Die Handlungen und Aussagen des Propheten sind hauptsächlich in den Hadithen überliefert, damit haben diese Überlieferungen ebenfalls einen sehr hohen Stellenwert im Leben der Muslime. Die Bedeutung der Hadithe erklärt sich vor allem daraus, dass diese viel mehr Detailfragen erläutern und mehr Stellung beziehen, als es der Koran tut. Darüber hinaus beschreiben sie den Kontext, in dem Mohammed die Offenbarungen erhalten hatte. Als eine wichtige Hadithen-Quellen gilt das *Sahīh al-Buchārī*[8], welches von dem 870 verstorbenen Gelehrten *Muḥammad ibn Ismā'īl al-Buchārī* in mehreren Jahren niedergeschrieben wurde. Es genießt besonders im sunnitischen Islam eine hohe Bedeutung, in seiner Autorität, Glaubwürdigkeit und Wirksamkeit wird diese Sammlung oft knapp hinter dem Koran eingeordnet. *Al-Buchārī* wollte vor allem mit den rund 2.800 hier gesammelten Hadithen die islamische Rechtsprechung im Rechtsstreit der vier grundlegenden Rechtsschulen durch Überlieferungen der Lebensweisen und Aussprüche Mohammeds stützen.

Die Hadithen-Sammlung *Sahīh Muslim*[9] von *Muslim ibn al-Haddschādsch* gilt im Sunnitentum ebenfalls als eine wichtige Überlieferung der Lebensweisen und Aussprüche des Propheten. Das rund 4.000[10] Hadithe umfassenden Werk besitzt einen ebenso hohen Stellenwert wie die Sammlung *al-Buchārī* und umfasst unterschiedliche Bereiche wie die Moral oder das religiöse Recht.

Woher aber stammen die überlieferten Aussagen und Lebensweisen, die von den Autoren gesammelt und kategorisiert wurden? Die meisten Hadithe stammen von *Aischa bint Abi Bakr*, der minderjährigen Ehefrau von Mohammed, einer Tochter des Kalifen *Abu Bakr* oder Weggefährten des Propheten. Besonders *Aischa* hatte eine herausragende Stellung bei Mohammed, sie steuerte über 2.200 Hadithe bei. Darin berichtet sie über das Leben mit Mohammed und ihren Alltag. Andere Ehefrauen Mohammeds haben entweder gar keine oder nur sehr wenige Hadithe beigesteuert. In einem Hadith wird berichtet, dass *Abu Huraira*, ein Weggefährte des Propheten erzähle, Mohammed hätte ausgesagt: *„Mir wurde befohlen, die Menschen zu bekämpfen, bis sie bezeugen, dass es keinen Gott gibt außer Allah und dass Mohammed der Gesandte Gottes ist, dass sie das Gebet verrichten und die Steuer* *entrichten. Wenn sie dies nun tun, haben sie ihr Blut und ihren Besitz vor mir geschützt".*[11] Besonders in kriegerischen Zeiten entstanden neue Hadithe, die immer wieder Mohammed zugeschrieben wurden. Unklar ist aber, ob dies nicht eher eine militärische Strategie der herrschenden Kalifen war. Weder Koran noch Hadithen wurden bis in das 18. Jahrhundert in ihrer Autorität wirklich ernsthaft hinterfragt Erst durch Kolonisation entstand ein äußerer kritischer Druck eine notwendige Auseinandersetzung mit dem Islam. Die heute noch praktizierte Verehrung, beinahe Heiligsprechung des Propheten rührt davon, dass Mohammed nicht nur Prophet war, sondern seine Lebenspraxis, seine Ratschläge und Verhaltensweisen in den Hadithen festgehalten und der Nachwelt als normgebendes Ideal weitergegeben wurden. Diese Verehrung ist tief in das kollektive Bewusstsein der muslimischen Volksseele verankert und verhindert eine Reform des Islams.

1.1.3. Die Scharia

Das „göttliche" Recht der Muslime, die Scharia ist erst nach dem Koran entstanden und daher kein Teil der Offenbarung. Somit wäre eine Rückweisung der Scharia durchaus möglich, ohne dass dabei die Verbalinspiration Mohammeds kritisiert werden würde. Obwohl die Mehrheit der Muslime davon ausgeht, es handele sich um ein göttliches und unveränderliches Recht, wurde die Scharia erst im Laufe der islamischen Geschichte entwickelt und auch immer wieder verändert. Im Westen wird die Scharia vor allem mit „Köperstrafen", wie dem Abhacken von Gliedmaßen, Steinigen oder Auspeitschen in Verbindung gebracht. Das ist durchaus ein Programm der Scharia, aber sie regelt weit mehr. Die Scharia als Rechtssystem regelt das Verhalten der Muslime, wobei die Quellen der Scharia der Koran und die Sunna[12] des Propheten sind. Sie geben die strenge Einteilung von Erlaubt und Verboten vor. Auch wenn es den Anschein hat, ist die Scharia kein niedergeschriebenes Rechtssystem, sondern stellt ein kompliziertes System zur Findung von Normen und Regelungen dar. Eingeteilt wird das System in Gebets- und Speisevorschriften, in Vertrags-, Familien-, Straf- und Erbrecht und in religiöse Vorschriften wie Fasten oder die verpflichtenden Pilgerreise nach Mekka. Die islamischen Gelehrten (Ulema) interpretieren die Scharia in der islamischen Rechtsprechung (*Fiqh*) mit Hilfe von Analogieschlüssen (*Qiyas*) und dem Konsens (*Ijma*) auf konkrete Anwendungsfälle. Im Laufe der islamischen Geschichte haben sich vier grundlegende Rechtsschulen herausgebildet: *Hanafi, Hanbali, Maliki* und *Shafi'i*. Diese haben regional stark unterschiedlichen Einfluss und sind bis heute bei vielen Muslimen anerkannt. Beinahe alle Muslime orientieren sich an einer dieser Schulen und deren Rechtsauffassung und traditionellen Vorstellungen.

Die Vorstellung des Rechtsystems der körperlichen Züchtigung, der Steinigung oder des Abtrennens von Gliedmaßen, hat sich bis heute in den unterschiedlichen Rechtsformen arabischer Staaten festgesetzt. Besonders Saudi-Arabien, dessen strenger Islamauslegung global exportiert wird, hat viele Elemente dieser rund 700 Jahre alten Rechtsauffassung im Gesetz verankert. In den meisten arabischen Ländern ist das Rechtssystem aber eine Mischung von Scharia und mittels Konventionen entwickelten Gesetzen. Diese Symbiose der Rechtssysteme wird in Europa auch von vielen Muslime partiell angestrebt. Dass orthodoxe Muslime gleichzeitig in Europa leben und von den demokratischen Prinzipien profitieren wollen und auf der anderen Seite Europa ablehnen und zu islamisieren versuchen, darf nicht zugelassen werden. Das muss von Europa verhindert werden, fordert *Bassam Tibi* eindringlich.[13] Den Scharia-Islam aufgrund von falsch verstandener Toleranz und Religionsfreiheit zuzulassen ist eine fatale Entwicklung. Eine Öffnung Europas zu einem neuen

Straf-, Staats- und Wirtschaftssystem, das die Scharia partiell zulässt, ist mehrheitlich nicht mit den Idealen Europas vereinbar. Bei der Entwicklung von juristischen Normen muss immer die Frage gestellt werden, welche Absichten, Ziele verfolgt werden und mit welcher Legitimation ein Gesetz entwickelt und verabschiedet wird. Werden Teile der Scharia im europäischen Kontext als rechtmäßig zugelassen, wird dabei die Legitimation dieser Rechtsordnung aus dem Machtbereich der politischen Parteien und damit den herrschenden Werten enthoben. Nicht mehr das Volk als Souverän ist Machthaber, sondern lediglich Gott. Diese „Machttransformation" ist ein wichtiges Programm der Islamisten in Europa, die Verschiebung der Souveränität des Volkes zu Gott.

1.2. Der politische Islam (Islamismus)

Die heterogene Strömung des politischen Islam (Islamismus) vereint die Grundvorstellung der Islamisierung Europas durch Aushebelung der liberalen demokratischen Institutionen und deren Ersetzung durch Islam- und schariakonforme Strukturen. Dazu haben sich unterschiedliche islamistische Vereine und Organisationen gebildet. Islamistische Gruppen zielen auf eine Veränderung der soziologischen Gesellschaftsstruktur ab. Langfristig versuchen diese Gruppen, inspiriert von den Netzwerken der Muslimbruderschaft und anderen ausländischen Gruppierungen, ein religiöses Kalifat in Europa aufzubauen. Dieser Umbruchprozess zur islamistischen Gemeinschaft kann sich unterschiedlich ausdrücken. Gemeinhin ist der Rückzug der Mitglieder aus der als unislamisch empfundenen Mehrheitsgesellschaft und damit verbunden eine Selbstorganisation jenseits der gesellschaftlichen Strukturen. Der Islamismus als eine Form des Extremismus stellt einen deutlichen Ausgangspunkt der Gegenkultur zur westlich-liberalen Gesellschaftsform dar. Der Islamismus ist nicht der einzige Lösungsansatz, aber eine der attraktivsten Jugendbewegungen, die in Europa zu einem neuen Lifestyle, zu einem neuen Lebensgefühl der Jugendlichen wurde.[14] Aus diesem Verständnis heraus können sich Jugendliche als Fremdkörper in einer eher areligiösen Gesellschaft begreifen, die sich bewusst abgrenzen und sich aus der Mehrheitsgesellschaft zurückziehen.

Der moderne politische Islam ist von der Muslimbruderschaft in der Zwischenkriegszeit entwickelt worden und übt auf der ganzen Welt einen starken Einfluss aus. In den meisten Ländern hat es die Muslimbruderschaft geschafft, gesellschaftliche und politische Strukturen zu unterwandern. Diese Entwicklung führte in den arabischen Ländern dazu, dass ein neuer politischer Extremismus entstanden ist, der letztlich zur Herausbildung von Terrorismus führte. Durch die Verbreitung des extremistischen Islams verfestige sich in Europa das Bedürfnis zur Beteilung am internationalen Jihad gegen die Feinde Allahs. Al-Qaida ist die wohl bekannteste Terrorgruppe, die vor dem Auftreten des IS" sich direkt aus dieser Ideologie entwickelt hat. Auch der „IS" hat diese Ideologie als Grundbasis und sie dabei weiterentwickelt.

Die islamistische Szene in Österreich hält sich nach außen hin sehr bedeckt, nur wenige eindeutige Aussagen konnten bisher in der österreichischen Salafisten-Szene ausgemacht werden. Allgemein geht von dieser Szene ein sehr starker Druck auf die Mitglieder aus; auch auf Freunde und Familienmitglieder wird einschüchternder Druck ausgeübt. Zweck dieser Methode ist es, dadurch bestimmte Informationen gegenüber Behörden zurückzuhalten und eine islamische Veränderung in den Subkulturen zu erreichen. Es sollen die islamisch traditionellen Regeln und Gesetze in der Gemeinschaft durchgesetzt werden. Die islamistische Gemeinschaft lehnt den demokratischen Staat ab und fordert dafür die Einführung eines islamistischen Staates als Pflicht aller Muslime. Die Beteiligung an demokratischen Wahlen sei unislamisch und daher für gläubige Muslime verboten. (Haram). Diese und andere typische Charakteristika sind Ausdruck einer neuen islamistischen Haltung der selbstbewussten Muslime in Europa.

Jede Bewegung entwickelt ihre eigene Sprache, Symbolik und Rituale. Diese zu kennen ist eine Voraussetzung, um rechtzeitig und präventiv agieren zu können. Der Islam bietet viele Regeln, Symbole und Riten an, die direkt oder indirekt in einem Zusammenhang mit Gewalt stehen oder gebracht werden können. In der salafistisch-islamistischen Szene ist vor allem der erhobene Zeigefinger ein eindeutiges Begrüßungsritual geworden. Der erhobene Zeigefinger steht traditionell vor allem für den Einheitsglaube (*Tauhid*) im Islam, allerdings hat die Bedeutung im islamistischen Sinne eine Verschärfung erfahren. Unter jenen Jugendlichen, die man als manifest radikalisiert bezeichnen kann, gibt es bestimmten Codezeichen, die die eindeutige Zugehörigkeit definieren. Neben dem erhobenen Zeigefinger gib es noch bestimmte sprachliche Ausdrücke wie „Akhi" (mein Bruder) oder abwertend „Kaffer" (für Ungläubige), aber auch andere Symboliken, wie bei jungen Männern der lange Bart oder eine Tendenz der Verhüllung bei weiblichen Muslimen die auf eine extremistische Weltanschauung hinweisen.[15]

Das *Tauhid-Prinzip* bezieht sich vor allem auf den ersten Teil des islamischen Glaubensbekenntnisses (*Schahada*): *„Ich bezeuge: Es gibt keinen Gott außer Allah..."*[16] Andere Gottheiten werden in dieser Vorstellung nicht geduldet. Der erste Teil der *Schahada* ist immer wieder Bestandteil der islamistischen Beflaggung, wobei ein schwarzer Hintergrund mit weißer Schrift ein eindeutiger Hinweis auf den jihadistischen Hintergrund der Gruppe ist. Seit 2011 gilt das Prophetensiegel in weißer Schrift auf schwarzen Hintergrund endgültig als Nachweis der Identifikation der Sympathie mit dem „IS".[17] Auch wenn bereits frühere Gruppe eine entsprechende Symbolik verwendeten, ist erst durch das massive Auftreten des „IS" das Zeichen zu einem jihadistischen „Wahrzeichen" und international erkennbaren Symbol des Jihads geworden. Dem Islamismus gelingt es durch ideologische Konzepte die Spiritualität des Islams mit einem kämpferischen Ideal zu vereinigen. Dabei sind religiöse Einstellungen, Loyalitäten und Überzeugungen tiefgreifender in den Strukturen der Menschen verankert als politische Bindungen.[18] Die erfolgreiche Verbindung dieser beiden Bereiche führt zu einem totalitären und extremistischen System.

Auch die Jihadisten des „Islamischen Staates" verwenden diese starke Symbolik und unterstreichen mit ihrer Gewalt und dem Terror die Intensität dieses Symbols der Einheit von Spiritualität und Kampf. Die Neubewertung dieser Symbole besteht vor allem in der reduzierenden Sichtweise auf einen rein kriegerischen „*Tauhid*". Wenn Jihadisten und Islamisten dieses Symbol verwenden, dann verweisen sie auf eine extremistisch-radikale Version des Islams, die keine andere Deutung zulässt und sämtliche nicht islamistischen Lehren ablehnt. Eine Verwendung diese Symbolik ist gleichzeitig auch Ausdruck der Ablehnung des Pluralismus und Liberalismus. Jeder, der diese Symbolik bewusst einsetzt, drückt damit seine starke Abneigung gegen demokratisch-säkularer Formen und gleichzeitig die Sympathie zu islamistischer Gewalt aus. Auch auf der sprachlichen Ebene kommt zu einer zu einer Veränderung. Die Sprache der Islamisten orientiert sich an der gängigen Jugendsprache. Aus dem Jugendwort „YOLO - *You only live once*" (Du lebst nur einmal) wird in der islamistischen Deutung: "YODO - *You only die once*". Mit dem

Zusatz: „*Why not make it Martyrdom*" ("Du stirbst nur einmal. Warum nicht als Märtyrer.)[19] Der Islamismus vertritt durchaus die Variante der Gewaltanwendung, diese wird in den unterschiedlichen Gruppen different bewertet und angewendet. Ziel ist die Errichtung eines Kalifats, ausgehend von einer immer größer werdenden und politisch erstarkten „*umma*". Andersgläubige und vom wahren Glauben Abgefallene werden als rechtlos und minderwertig betrachtet. Die Annahme, dass es einen moderaten Islamismus gibt, muss als falsch zurückgewiesen werden. Die Islamisten streben nach Macht, grenzen Andersdenkende aus und überhöhen die eigene Position. Sie entwickeln eine eigene, der Mehrheitsgesellschaft abgewandte Identität, die faschistisch und gewaltbejahend ist. Ein Islamist, so resümiert Hamed Abdel-Samad[20], gibt sich nur moderat, wenn er nicht an der Macht ist. Erreicht er diese, fällt die Maske und das eigene Programm wird zur alternativlosen Methode.

Die heterogene Gruppe der Islamisten wächst weltweit rapide an. Sei es in Saudi-Arabien, wo fundamentalistische Strömungen an Zuwachs gewinnen, in afrikanischen Ländern, im Libanon oder in Russland, überall breitet sich der Islamismus wie ein Virus aus. In Europa hat der Islamismus dabei ein leichtes Spiel, kann er doch geschickt die Mittel der liberalen Demokratie wie Religionsfreiheit und Toleranz für seine Zwecke verwenden. Auch ein fehlender effektiver Staat führt dazu, dass der Islamismus sich weitgehend frei und unkontrolliert entfalten kann. Und weil die hohen Finanzspritzen aus dem Ausland kaum kontrolliert werden können, sind die Islamisten finanziell gut aufgestellt. Der Islamismus gewinnt, trotz zahlreicher Niederlagen, immer mehr an Boden, weil er sich auf einen vermeintlichen göttlichen Auftrag beruft und eben solche Vorstellungen fanatische Bereitschaft schafft.

1.3. Der Salafismus und die siegreiche Gruppe

Der Salafismus ist ursprünglich eine unpolitische Strömung gewesen, die aus der konsequenten Auseinandersetzung mit dem Wahhabismus entstanden ist. In Europa hat diese geistige Strömung wesentliche Veränderungen erfahren, sodass hier durchaus von einer neuen Spielart des politischen Islams gesprochen werden kann. Der heutige Salafismus reicht von in sich verschlossenen und introvertierten Gruppen über kritische Stimmen, politischen Aktivismus bis hin zu jihadistisch-militanten salafistischen Gruppen.[21] Damit kann diese Bewegung durchaus als eine Grundlage und als Nährboden radikaler Jihadisten verstanden werden.

Das Wort „Salafismus" leitet sich vom arabischen Begriff „Salafiyya" ab und greift die Bewegung der *„as-Salaf as-Salih"* auf, die einen Islam zu Zeiten der rechtsgeleiteten Kalifen nach Mohammed errichten wollen. Es handelt sich hierbei um die „Urgemeinde" der Muslime in 7. Jahrhundert. Aus ihr hat sich der Islam letztlich entwickelt und unter Mohammed und den nachfolgenden Kalifen schnell verbreitet. Diese idealisierte Urgemeinde gilt heute als wichtigste Instanz, wenn es um Interpretationen der Botschaft Mohammeds geht. Ihre Auslegung des Islams wird im Salafismus zu einer absoluten und bedingungslosen Norm, die mit allen Mitteln durchgesetzt werden muss.

Generell wird die heterogene Bewegung des Salafismus in Europa in vier grundlegenden Kategorien unterteilt[22]: den puritanischen oder spirituellen, den missionierenden, den radikalen und letztlich den jihadistischen Salafismus. Lediglich der spirituelle oder puritanische Salafismus tritt nicht politisch aktiv auf. Alle salafistischen Gemeinschaften sind ihrer inneren Logik nach bereits politisch und streben eine gesellschaftliche Veränderung gemäß der islamischen Tradition an. Die Missionierung „Da'wah" ist dabei ein Mittel zum Zweck und wird als eine islamische Verpflichtung verstanden. Wenn in weiterer Folge von einem salafistischen Islam gesprochen wird, wird kein Bezug zu einem rein im privaten Kontext stattfindenden puritanischen oder spirituellen Islam genommen, dieser tritt nicht öffentlich in Erscheinung.

Gemeinsam ist den verschiedenen Strömungen die Reinigung von unislamischen Elementen in der Gesellschaft und das übergeordnete Ziel eine religiöse Gemeinschaft zu errichten. Allein deshalb ist die Bewegung bereits in sich politisch, antidemokratisch, anti-säkular und lehnt den liberalen Rechtsstaat grundsätzlich ab. Basis der Bewegung sind der Koran und die Sunna, wobei ein wichtiges Element im Studium der islamischen Quellen gelegt ist. Dies erfolgt u.a. in den so genannten „Koranschulen" in Österreich, die durch eine fundamentalistische Interpretation des Islams ein dem demokratischen Staat gegenläufiges Weltbild lehren. Aber auch in wichtigen ausländischen Koranschulen wie in der Türkei, Ägypten oder Saudi-Arabien finden solche Ausbildungen statt, an denen auch immer wieder Europäer teilnehmen. Reine Koranschulen gibt es in Österreich nicht, aber der frühere Vize-Präsident der IGGiÖ *Esad Memic* verwendete selber den Begriff und zielte mit seiner Äußerung vor allem auf den nachschulischen Unterricht in den Moscheen ab.[23] Das hier gelehrte Weltbild baut auf die Tradition des Islams auf und wird bis heute kaum von staatlicher Seite kontrolliert. Die in Österreich rund 300 islamischen Gebetshäuser bieten teilweise für Kinder und Jugendliche nachschulische Betreuung und Korankurse an. Es kommt oft vor, dass in solchen Institutionen kleine Mädchen bereits Kopftücher tragen müssen. Die Gefahr, dass hier eine Weltinterpretation verbreitet wird, welche die österreichische Kultur angreift, ist gegeben. In einem persönlichen Gespräch offenbarte *Amer Albayati* das

Ausmaß dieses Problems.[24] Er vertritt die Meinung, dass die hier gelebten Werte und Vorstellungen letztlich dazu führen können, dass Abwertung, Gewalt und Hass in Bezug auf „Ungläubige" zunehmen. Damit verschärfe sich die Spannung in der Gesellschaft, ein kultureller Konflikt wird immer greifbarer.

Die absolute Islaminterpretation lehnt sämtliche liberale und aufgeklärte islamische Positionen ab und generiert aus dem Verständnis heraus die Überheblichkeit der siegreichen Gruppe (*Al Firqa al-Najiyya*). Dabei muss diese Ideologie verbreitet und immer neue Anhänger gefunden werden. Angetrieben von dem aus dem Christentum übernommenen Verständnis des Missionierens wird die „Da`wah" zu einer religiösen Pflicht (*fard*), um den Islam zu verbreiten und gesellschaftlich und politisch zu festigen. Die Ablehnung der vier Rechtschulen des Islams verdeutlich die vollständige Ablehnung der von Menschen interpretierten Gesetze und hebt die Bedeutung des Absolutismus der islamischen Quellen als normative Grundlage des muslimischen Verhaltens hervor.

Generell sind die meisten salafistischen Organisationen international stark vernetzt, das gilt auch für den deutschsprachigen Raum. Verdeutlicht wird dies vor allem durch die Entwicklungen rund um den Österreicher *Muhammed M.*, der in der Salafistenszene besser als „*Abu Usama al-Gharib*" bekannt ist. Er war die erste Person in Österreich, die nach dem 2002 geschaffenen Anti-Terrorgesetz (Par. 278 b Strafgesetzbuch: "Bildung einer terroristischen Vereinigung" und "Begehung einer terroristischen Straftat" Par. 278 c Strafgesetzbuch) angeklagt und 2007 verurteilt wurde.[25] Kurz nach der Entlassung aus seiner Haftstrafe 2011 tauchte er in Deutschland auf und fand dort sofort neue Kontakte. Darunter auch das vorrübergehende Aushängeschild des „IS", der deutsche Rapper *Denis Cuspert* (in der Rapperszene unter *Deso Dogg* und in der islamistischen Szene unter

Abu Malik aber auch unter *Abu Talha al-Almani* bekannt). Zusammen sollen die beiden unter dem Namen „Millatu Ibrahim" (die Gemeinde Abrahams) missionierend Moscheen besucht haben.[26] Das ist ein typischer Ausdruck salafistischer Bewegungen, neue Mitglieder durch Missionieren, „Aufklärung", überzeugende Gespräche und „hasserfüllte-Reden" zu finden. Der Dialog durch Reden in den Moscheen, Veröffentlichen von Broschüren oder Missionierungstätigkeiten mit vermeintlicher Aufklärung über islamische Inhalte im öffentlichen Raum sind ein fixer Bestandteil des politischen Islams. Die beiden Jihadisten sind zu schillernden Personen des „IS" aufgestiegen und sollen bei der Einheit „Army of Aleppo" in Führungspositionen gestanden haben. Eine solche „Karriere" macht großen Eindruck auf heranwachsende Jihadisten und animierte viele begeisterte Jugendliche sich dem „IS" anzuschließen.

In seinen Liedertexten verherrlicht der vorbestrafte Kleinkriminelle *Denis Cuspert* den ehemaligen Terroranführer *Osama Bin Laden*. Um seine Botschaft des „Hasses" zu verbreiten, bedient sich der ehemalige Rapper aus Berlin und frühere Mitglied in Gangs islamischer Naschid-Musik, einer Stilrichtung, die ohne Instrumente auskommt und nur durch Gesänge getragen wird. Im puritanischen Islam ist Instrumentalmusik ebenso wie Tanz oder Alkohol streng verboten. Diese Liedkunst wird oft als ideologisches Sprachrohr verwendet und findet auch beim „IS" großen Anklang. Oft handelt es sich um Kampflieder, Verehrung von Märtyrern und Siegesfantasien. Bei einer Hausdurchsuchung konnte bei dem engen Vertrauten *Mohammed M.* eine Sprengstoffweste gefunden werden[27], was die Radikalität von *Denis Cuspert* unterstreicht und die Frage der Beschaffungsstrukturen solcher militärischen Werkzeuge mitten in Europa aufkommen lässt.

Der Salafismus präsentiert sich im europäischen Kontext als moralische und intellektuelle Variante eines Islamverständnisses, das sich scheinbar unpolitisch verhält, dabei aber hoch politisch aktiv auftritt. Die Salafisten streben einen Islam der wortwörtlichen Auslegung an, sie lehnen jegliche (religiöse) Erneuerung (*Bid'a*) seit dem 7. Jahrhundert streng ab. Die Gruppe der Salafisten und die der Jihadisten waren vor etlichen Jahren noch zwei Bewegungen in Europa, die sich gegenseitig voneinander abgrenzten. Politisch trat der Salafismus nicht offen auf, war doch ein Grundsatz, dass Politik „schmutzig" sei. Durch Moralpredigen sollte die Gesellschaft verändert werden, nicht durch Gewalt. Diese Trennung ist aber mittlerweile aufgehoben. Verlief die vormalige Trennlinie vor allem ideologisch durch den Konflikt zwischen dem salafistisch-wahhabitischen Saudi-Arabien und dem schiitischen Mullah-Regime im Iran, haben sich deren ideologische Konzepte in einer jihadistischen Ideologie vereint. Sowohl der Iran als auch Saudi-Arabien sind militärisch und salafistisch-missionierend an vielen Konfliktherden beteiligt und treten dabei offen als Kontrahenten auf. Vor allem in Syrien hat sich die Vereinheitlichung des Salafismus mit dem Jihadismus deutlich gezeigt. Während aber der Iran das Assad-Regime neben Moskau unterstützt, unterstützt Saudi-Arabien mit den USA die „Rebellen" gegen Assad. Der Salafismus ist, angeregt von Saudi-Arabien, zum Rekrutierungsmittel für Jihadisten weltweit geworden.[28] Das hat auch Auswirkungen auf Europa, wo die Verschmelzung salafistischer Gruppen mit jihadistischen Konzepten besonders im Kontext der „LIES!-Kampagne" und der Rekrutierung von Jihadisten offensichtlich wurde.

War es früher noch notwendig, dass Salafisten eine längere Ausbildung durchleben mussten, um in den elitären Zirkel aufgenommen zu werden, reicht heute bereits ein „Crashkurs" aus. Damit hat die salafistische Bewegung ihren eigentlichen Standpunkt verlassen und hat sich durch eine breite Öffnung zum Sammelort frustrierter Jugendlicher weltweit entwickelt. Auch hinsichtlich der sprachlichen Veränderungen hat es eine Kehrtwende ergeben. Aus der ehemals vornehmen Verwendung von gewählten Ausdrücken hat der Salafismus eine gewaltbejahende und abwertende vulgäre Jugendsprache entwickelt. Damit erreicht der Salafismus besonders junge Heranwachsende, die eine ablehnende Haltung gegenüber der Mehrheitsgesellschaft vertreten. Die Bewegung der Salafisten fordert die öffentliche Gesellschaft heraus, sie wollen wahrgenommen werden, sie sind stolz auf ihr Störungspotential und üben Druck auf die Mehrheitsgesellschaft aus.

Die grundsätzliche Unterscheidung in vier Strömungen dient in erster Linie einem akademischen und analytischen Interesse. Denn mit Ausnahme der puritanischen Gruppe sind die Übergänge fließend und nicht exakt auszumachen. Die Strömungen bedingen und beeinflussen sich gegenseitig, und auch die Mitglieder bewegen sich ideologisch innerhalb der drei markanten Gruppen. Es lassen sich Personen und Vereine nicht eindeutig zu einer bestimmten Bewegung, außer im Extremfall wie bei einem Terroranschlag oder der Ausreise in das Kalifat, zuordnen. Generell gilt, dass alle Bewegungen außer der puritanischen Strömung sich in unterschiedlicher Intensivität in ablehnender oder bekämpfender Position gegenüber dem Rechtsstaat befinden. Es soll nun ein kurzer Überblick über die vier grundlegenden Strömungen gegeben werden, wobei diese Einteilung, wie schon angedeutet, mit Einschränkungen zu verstehen ist. Ich greife dabei die Klassifizierung des deutschen Verfassungsschutzes in Berlin auf.[29]

1.3.1. Die puritanische Strömung

Diese versucht ihre Regeln rein in einem privaten Rahmen umzusetzen. Es ist jene Gruppe, welche sich in die Mehrheitsgesellschaft eingliedert und diese weitgehend akzeptiert. Die Werte und traditionellen Vorstellungen entfalten ihre Wirksamkeit daher nur in einem rein privaten Kontext, im öffentlichen Raum gelten die Regeln der Mehrheitsgesellschaft. Es kommt zu einer Anpassung und Integration der Muslime in die Mehrheitsgesellschaft. Strenge Salafisten werfen diesen Muslimen Assimilation und Verrat der Religion vor; etwas, was in extremistischem Verständnis einem Todesurteil gleichkommt. Diese Muslime leben in einer Zerrissenheit zwischen ihren religiösen Lebensvorstellungen und Weltanschauungen und der modernen säkularen Gesellschaftsform. Diese Szene ist politisch nicht aktiv und ist somit auch nicht Teil dieser Arbeit.

1.3.2. Missionierende Bewegung

Diese Gruppe tritt als eine sichtbar religiöse Vereinigung auf, betreibt aktiv die Da´wah und ist politisch unterschiedlich stark aktiv. Anhänger diese Strömung wollen eine Veränderung der bestehenden politischen und gesellschaftlichen Strukturen und Institutionen nach islamischem Vorbild und Recht. Basis ihrer Weltanschauung ist der Koran, die Sunna und die Scharia. Zu nennen sind hier vor allem die so genannte LIES!-Kampagne[30], die „We love Mohammed" Aktion[31], die aktuell in Österreich aktive „IMAN-Bewegung"[32] oder die verbotene, aber in sozialen Medien immer noch nachwirkende Gruppe „Der Wahre Glaube"[33] zu nennen. Diese Übersicht stellt aber nur die bekannte Spitze des Eisberges dar, es gibt viele kleinere und kaum bekannte Gruppen, die aktiv für den Islam missionieren und oftmals nur regional oder im Internet in Erscheinung treten.

1.3.3. Die radikale Bewegung

Eine Verschärfung der missionierenden Bewegung, die Gewalt als ein legitimes und vor allem notwendiges Mittel versteht, ist mehrheitlich nicht auf der öffentlichen Straße anzutreffen bzw. dort als solche nicht unmittelbar erkennbar. Ihre Ideologen sind vor allem in kleineren Moscheen oder Hinterhofmoscheen aktiv und dienen direkt als Blaupause für jihadistische Bewegungen. Galt Gewalt in der missionierenden Bewegung nur als ein theoretisches Konzept, wird es hier zu einer Konstanten. Sie praktizieren zwar nicht automatisch Gewalt, sind aber Unterstützer dieser und befürworten sie auf allen Ebenen. Prediger wie der in der jihadistischen Szene berühmte *Mirsad O.* fallen in diese Kategorie, wobei eine eindeutige Zuordnung kaum möglich ist. Auch der deutsche Prediger *Pierre Vogel* muss hier eingeordnet werden, auch wenn er sich gegenüber Gewalt in seinen Reden sehr bedeckt hält und diese nur in „Notfällen" und „außergewöhnlichen" Situationen akzeptieren würde. Er brachte für die deutschsprachige Szene die notwendige Absolutheit des Islams auf den Punkt: *„Der Islam ist die Wahrheit, und wenn es die Wahrheit ist, dann ist es egal, ob dir diese Wahrheit gefällt oder nicht. Dann musst du der Wahrheit folgen"*[34]. Ob dies auch notwendigerweise Gewalt impliziert, muss an dieser Stelle offenbleiben, aber es suggeriert, dass alle zur Verfügung stehenden Mittel zur Erreichung des Ziels legitim sind.

1.3.4. Die jihadistische Strömung

Für die extremistische Strömung stellen Gewalt und Jihad das notwendige Mittel und die gelebte Norm ihres Verhaltens dar. Sie stehen entweder direkt mit terroristischen Gruppen in Verbindung und rekrutieren Terroristen oder kämpfen selbst mit: entweder im Jihad im Ausland beim „IS", bei Al-Qaida oder anderen Gruppen oder führen Terroranschläge in Europa durch. Hier zeigt sich deutlich, dass eine Einteilung gemäß der vier Strömungen kaum möglich ist, denn *Mirsad O.* kann ebenfalls als Ideologe der terroristischen Ideologie eingeordnet werden. Die Einordnung in die vierte Kategorie wird in dieser Arbeit aber auf gewalttätige und terroristische Aktionen und Verhaltensmuster beschränkt bleiben. Damit sind jene Personen mit gemeint, die entweder einen Terroranschlag durchgeführt haben, an dessen Ausführung von den Sicherheitsbehörden rechtzeitig gehindert worden sind oder die ins Kalifat reisten oder es zumindest versucht haben. Denn bereits der Versuch der Ausreise mit klar definiertem Ziel des Anschlusses an eine jihadistische Organisation im Ausland muss als Beleg der jihadistischen Einstellung verstanden werden. Letztlich ist der Jihadismus nach Einschätzung *Jürgen Manemanns* ein enthemmter Terrorismus, dem bereits eine nach absoluter Macht und Gewalt strebende Kraft innewohnt.[35] Diese Kraft kann sich in unterschiedlichen Wegen entladen und wird dadurch zu einem sozialen Sprengstoff.

1.4. Terrorismus - eine Begriffsbestimmung

Unter dem Oberbegriff „Terrorismus" sollen, in Anlehnung an *Peter Waldmann*, vor allem geplante und vorbereitete Gewaltanwendungen verstanden werden, die nachhaltig schockieren[36], wobei darunter weder die Größe des Anschlages, der Umfang der Vorbereitung, der ideologische Hintergrund noch die Zielsetzung als relevante Kriterien herangezogen werden. Terrorismus zielt, egal in welchem Umfang die Anschläge sich befinden, auf die Zerstörung der „Selbstverständlichkeit", der Sicherheit, der Stabilität und des herrschenden Lebensgefühls der von dem Terror angegriffenen Gesellschaft ab. Terror als „Herrschaft des Schreckens" hat unterschiedliche Formen der Gewaltanwendung entwickelt; von großen international geplanten und durchgeführten Terroranschlägen, gezielten Entführungen, Einschüchterungen durch Androhung von Gewalt, Autobomben und kleineren systematischen Attacken. Damit werden auch wiederkehrende Muster wie kleine Attacken mit Messer oder Fahrzeuge als Terror bestimmt, nicht aber die Einzeltat einer Person, die aufgrund psychischer Erkrankungen oder aufgrund situationsbedingter „Problematiken" Gewalt anwendet.

Terrorismus wird vor allem mit größeren Anschlägen in Verbindung gebracht, wie den Terrorangriffen in Berlin, Schweden oder Nizza. Das sind, was zumindest die gesellschaftliche Sichtweise betrifft, große Terroranschläge, die aber in ihrer Ausführung relativ einfach und wenig komplex sind. Große und international organisierte Terroranschläge sind zwar spektakulär und halten den Nimbus der Allmacht der Terrorgruppen aufrecht, sind aber auf Dauer nicht erfolgsversprechend. Der große personelle und logistische Aufwand birgt die Gefahr, dass Sicherheitsbehörden die Attentäter frühzeitig entdecken. Organisationen, die dauerhaft auf eine solche Terrorstrategie zurückgreifen, benötigen ein logistisches Netzwerk von operativen Zellen, Personal, das laufend für die Anschläge „verheizt" werden kann, und letztlich eine finanziell gut aufgestellte Basis. Beides, eine finanzkräftige Basis als auch genügend „Märtyrer" konnte der „IS" zeitweise aufweisen, aber letztlich durch die massiven militärischen Angriffe der „Anti-IS-Koalition" brach dieses System immer mehr in sich zusammen.

Der moderne Terrorismus hat sich zu einer Low-Level-Taktik gewandelt. Diese Entwicklung ist die Umsetzung der Strategie des führerlosen Jihads von *„Abu Musab al Suri"* und mittlerweile fester Bestandteil Europas geworden. Im rund 1.600 Seiten umfassenden Werk mit dem Titel „Appell zum weltweiten islamischen Widerstand"[37] nimmt er eine Entwicklung vorweg, die den heutigen Terrorismus von kleineren autonomen Zellen beschreibt. Hier wird der Wandel von einem zentral organisierten und von Al-Qaida dominierten internationalen Terrorismus zu einem netzwerkartigen Terrorismus empfohlen. Die Verflechtung der kleinen autonomen Terrorzellen entzieht sich lange der Überwachung der Sicherheitsorgane.[38] Sein Konzept ist zum Schlüsseldokument des modernen jihadistischen Terrorismus geworden und Basis des „Low-Level-Terrorismus", der vor allem durch kleinere Attacken und Anschläge charakterisiert ist. Dieser Individual- und Selfmade-Terror zeichnet sich nicht mehr durch spektakuläre große Anschläge mit omnipräsenter Zerstörungskraft und vielen Toten aus, sondern operiert vor allem auf einem niederen Level. Der Low-Level-Terrorismus unterscheidet sich von einem High-Level-Terrorismus darin, dass keine zentrale Organisation notwendig ist. Er ist durch die netzwerkartigen Strukturen nicht nur ein Individualterror, sondern auch in dem Ausmaß für eine Gesellschaft weitaus weniger schockierend, weil er keine großen Terroranschläge generiert.

Gemeinhin ist jeglichem Terrorismus der Umstand, dass dieser aus einer „schwachen Position der Minderheit" heraus agiert und nicht nur die öffentliche Ordnung angreift, sondern auch das herrschende politische System zerstören will. Diese Definition des Terrorismus grenzt sich scharf von einem Staatsterrorismus ab, der vor allem als ein Terror von „oben" mit systematischen Regelwerken verstanden wird. Der Terror von „unten" ist vor allem viel unberechenbarer, kaum identifizierbar und kann nicht auf Organisationen begrenzt werden. Während der Staatsterror noch selbstgesetzten, wenn auch unrechtmäßigen Regeln weitgehend folgt, scheint die Figur des modernen Terrorismus vollständig irrational zu sein. Dieser Eindruck trügt aber, denn die extrem brutale und faschistische Gewaltanwendung folgt einem stringenten Kalkül der „Herrschaft des Schreckens". Wenn Köpfe medienwirksam abgeschnitten werden, wenn Frauen und Mädchen auf Sklavenmärkten verkauft werden,

„Feinde" lebendig verbrannt werden, dann manifestieren sich diese Bilder in die Psyche der Menschen. Solche schockierenden Bilder erzeugen Angst, Unsicherheit und schaffen Vorurteile gegenüber „als Terroristen verdächtigt aussehenden" Personen. Somit schafft der Terrorismus nicht nur Leid, sondern auch das vollständige Gefühl der Unsicherheit und des Ausgeliefertseins.[39] Scheinbar unmögliches menschliches Verhalten wird zu einer neuen Norm der terroristischen Figur. Somit haben Terroranschläge vor allem zwei motivierende Zielvorstellungen. Einerseits soll ein Angriff schockieren und ein Virus der Angst verbreiten, andererseits sollen weitere Sympathisanten zu Terroranschlägen motiviert werden. Das kann aber letztlich nur in einem ideologischen Kontext der Gewalt und der latent vorhandenen Feindbilder entstehen. Dazu bedarf es der Verbreitung der entsprechenden Ideologie. Basis ist der islamische Faschismus, wie ihn *Abdel-Samad Hamed* in dem Werk „Der islamische Faschismus"[40] analysiert hat. Aus einem totalitären faschistischen Weltbild können die Gewalt und letztlich der Terrorismus generiert werden.

Die Methode des Terrorismus ist, wie dargestellt wurde, ein Werkzeug jener Gruppen, welche sich in einer defensiven Position befinden, aber Anspruch erheben, die einzig legitimen Interessen der Menschen zu vertreten. Das Substrat ist das des Befreiungskampfes der unterdrückten Klasse oder Gemeinschaft. Ein solcher „Kampf" ist aber durch profane Angelegenheiten und ideologische Konzepte verblendet und die Sympathisanten sind nicht mehr in der Lage, den wahren Kern der gesellschaftlichen Probleme zu erkennen. Terroristische Gruppen sind daher bestrebt, die Ideale der Bewegung nicht nur neu zu definieren, sondern auch laut und eindrucksvoll erkennbar zu machen. Der Terrorismus braucht den Rückhalt in der Bevölkerung um langfristig erfolgreich zu sein, nur den meisten Terrorgruppen ist es bis heute nicht gelungen, eine breite Mehrheit in der Bevölkerung zu finden. Lediglich der „IS" konnte eine längere Zeit hohe Sympathiewerte erreichen wohl aber auch aus rein politischen und strategischen Gründen vieler Gemeinschaften und Gruppen.

Terror muss schockieren, er muss sich über geltende Normen und Gesetze hinwegsetzen, er muss vor allem Tötungsverbote brechen und muss nachhaltig wirken. Dabei muss er selber immer wieder seine eigene „Grenzmoral" brechen, um zu schockieren. Kriege zwischen Staaten, Bürgerkriege, selbst Guerilla- und söldnerbasierte Kriege sind in vielen Facetten vorhersehbar, auch sind die Kriegsparteien, so komplex das moderne Schlachtfeld auch geworden ist, durchaus identifizierbar und bekannt. Es gibt Regeln, die zwar immer wieder gebrochen werden, die dennoch eine gewisse normative Leitlinie des Kampfes darstellen. Der Terrorismus stellt dazu gerade die absolute Absage dieser Form des Krieges dar. Er wird von unbekannten Terroristen geführt, die bewusst und gezielt sämtliche „Regelwerke" brechen.

Terrorismus wird, so sind sich die meisten Autoren[41] einig, vor allem durch drei Merkmale charakterisiert:

1. Durch die Anwendung direkter oder indirekter Gewalt mit dem Ziel der nachhaltigen „Erschütterung" der Gesellschaft, wobei bereits Androhungen von Terroranschlägen als Sprache der Gewalt und Vorstufe der Brutalität ebenso dazu gerechnet werden wie die eigentlichen Anschläge.

2. Durch emotionale Reaktionen der „Opfer-Gesellschaft", meist mit Angst, Erschütterung, Unsicherheit, den Ruf nach härteren und strengeren Gesetzen, die auch die Rechtstaat-

lichkeit teilweise aufhebeln, und den Versuch der Kollektivierung einer Tätergruppe. Es kommt schnell zu einer emotional geführten Debatte und populistische Antworten generieren eine scheinbare schnelle Lösung.

3. Konsequenz der Bedrohung oder vermeintlichen Bedrohung sind Entwicklung und Ausbildung neuer Verhaltensweisen auf individueller als auch auf gesellschaftlicher Ebene: Überreaktionen von Behörden und Einzelpersonen, Schutz durch Rückzug aus der Mehrheitsgesellschaft, Meiden von öffentlichen Veranstaltungen und erhöhtes Sicherheitspersonal, Bau von unsinnigen Sicherheitsvorkehrungen und verstärkte Investitionen in Abwehrmechanismen zur Terrorbekämpfung.

Der Terrorismus klagt mit seinen Taten an, er offenbart mit Gewalt vermeintliche Missstände und zeigt Ungerechtigkeiten auf. Dabei wird er zum sozialethischen Prinzip der Befreiung der Unterdrückten stilisiert. Er will eine Reform und eine Revolution zugleich sein und ist bestrebt, aus seinem Absolutheitsvorstellungen heraus eine neue gerechte Welt zu erschaffen. Er will die „auserwählte" Klasse befreien und ein neues Herrschaftsmodell errichten. Diese sogenannte Befreiung ist doppeldeutig als eine „Befreiung von…" und einer „Befreiung zu…" zu verstehen. In dieser Figur drückt sich die utopische Vorstellung der Terroristen aus. Einerseits soll die gehasste Gesellschaft zerstört werden und die auserwählte Klasse von den herrschenden repressiven Strukturen befreit werden. Der zweite Teil dieser Denkfigur besteht in der Realisierung der „Befreiung zu" einem idealisierten und utopischen gesellschaftlichen Zustand. Das Heilsversprechen der Islamisten besteht in dem Aufbau eines Kalifats und dem gerechten Tod der Feinde Allahs. Das Projekt „Kalifat" wird aber so unterschiedlich und vielschichtig gedacht, wie es islamistische Strömungen gibt. Allerdings besteht letztlich nicht die vollständige Realisierung eines Kalifats in Europa an erster Stelle, sondern die notwendige Vereinigung der Muslime und die „Neugewinnung" der islamischen Stärke.[42] Eine vollständige Reduktion auf eine simple Befreiungsaktion kann beim religiös motivierten Terrorismus nicht nur in einem weltlichen Ideal gefunden werden, sondern der islamistische Terrorismus transzendiert und wird zu Weiterführung eines göttlichen Auftrages. Die Befreiung kann kaum im Diesseits erreicht werden, weshalb die Vorstellung des Paradieses im Denken der Extremisten eine große Rolle spielt.

1.4.1. Entstehung des internationalen Jihadismus

Der Westen hat aus geopolitischen Gründen islamistische und jihadistischen Gruppen weltweit unterstützt und für seine Zwecke instrumentalisiert. Vor allem die USA haben den afghanischen Jihadismus gegen die Sowjetunion finanziell und waffentechnisch beeinflusst. Sie unterstützten die unterschiedlichsten Gruppen der „*Mujaheddin*" (arabisch für Glaubenskämpfer) am Hindukusch, dabei unterhielt der CIA intensive Kontakte auch zum späteren „Terrorfürsten" *Osama Bin Laden*. Eine weitere „schillernde Figur" des Jihadismus, *Abdallah Azzam*, gründete das Büro für Dienstleistungen (*maktab al-khadamat*) und hatte so im Rahmen der CIA Operation „*Operation Cyclone*" intensive Kontakte in die USA.[43] Die frühere Strategie des Westens hat somit den islamistischen Terrorismus begünstigt.

Unter dem US-Präsidenten *Jimmy Carter* wurde die Strategie der Einbindung regionaler „Rebellengruppen" zur Bekämpfung der Sowjetunion entwickelt. Der Abzug der sowjetischen Truppen aus Afghanistan wurde als Sieg der Islamisten weltweit gefeiert. In der islamistisch-jihadistischen Ideologie ist die „Befreiung" Afghanistan zum Sieg über feindliche und vor allem militärisch weit überlegene Mächte geworden. Das war für die Jihadisten ein Zeichen Allahs, für den richtigen Kampf der Muslime, wohlwissend, dass die USA als Beschützer und Unterstützer der Islamisten auftraten. Afghanistan wurde zum Mythos einer Ideologie der vollständigen Eroberungsfantasie feindlicher Nationen. Seitdem gilt in der islamistischen Ideologie, dass der Sieg in Afghanistan zum Kollaps der Sowjetunion führte.[44] Der Nimbus der Unbesiegbarkeit des Jihadismus fand hier seinen Ursprung und fand in der Strategie des „IS" eine radikale Weiterentwicklung. Es soll vorgekommen sein, dass Mitglieder des „IS" in Dörfer anriefen und deren baldige Ankunft ankündigten, fluchtartig verließen die Menschen und auch die Soldaten die Gebiete. Mit „Allahs Hilfe" konnten so die Extremisten viele Orte beinahe ohne Widerstand einnehmen und ihre Schreckensherrschaft verbreitet.

Die Ideologie des internationalen Jihadismus, die im „IS" ihren vorläufigen Höhepunkt fand, ist maßgeblich auf die Philosophie *Adallah Azzam* zurückzuführen. Er argumentierte, dass es eine der höchsten Pflichten eines Muslims sei, islamische Gebiete zu verteidigen. Wer dem nicht nachkäme und seinen Glaubensbrüdern im Kampf gegen die Feinde nicht beistünde, würde eine Sünde begehen und in der Hölle leiden müssen.[45] Nach seiner radikalen Vorstellung kann es niemals Frieden mit dem Feind geben, eine Vorstellung, die auch andere islamistische Ideologen vertreten. Damit ist der Kampf gegen die Feinde bis zum vollständigen Sieg der Islamisten vorgesehen. Der Feind, in der damaligen Vorstellung noch von Al-Qaida definiert, war der Westen, strebe seiner Meinung nach der totalen Vernichtung aller Muslime, deshalb könnten sich Muslime weltweit niemals sicher fühlen. Diese Denkfigur, dass sich die Muslime in einer beständigen existenziellen Bedrohungslage befinden, nährte die

Opferrolle der Muslime, aus der sich Gewalt gegen den Westen begründen lässt. Mit der Vorstellung, dass sämtliche Friedensdialoge mit dem Feind von diesem nur unter dem Vorwand der Vernichtung der Muslime geführt werden und dass ein internationaler islamischer terroristischer Widerstand eine Notwendigkeit sei, kehrten viele Jihadisten aus Afghanistan in ihre Heimat zurück. Die Globalisierung der islamistisch-jihadistischen Ideologie fand ihren Ursprung in einem kriegerisch-terroristischen Konflikt internationalen Ausmaßes. Aus den Kriegserfahrungen und der Ideologie des Jihads entstand die neuartige jihadistische terroristische Ideologie. Der Versuch der weltweiten Verbreitung dieser Ideologie scheiterte aber vorerst. Nur in regionalen Gebieten wie Bosnien oder Tschetschenien konnte sie sich vereinzelt festsetzen. Von dort sollte die Ideologie nach Europa verbreitet werden. Allerdings lehnten die meisten Muslime diese extremistische Vorstellung ab. Erst durch die verstärkte Verwendung der neuen Medien als Propagandakanal und letztlich mit dem Entstehen des „IS" als Anziehungsmagnet für radikalisierte Europäer gelang es dieser radikalen Ideologie sich zu verbreiten.

1.4.2. Islamischer Terrorismus

Die Ideologie des neuen islamischen Terrorismus hat sich verselbstständigt und eine internationale Größe erreicht. Galt der Kampf nach der Vorstellung des politisch-radikalen Denker des 19. Jahrhunderts *Jamal-ad al-Afghani* als kollektiver Versuch, den westlichen Einfluss im eigenen Land zu bekämpfen, ist der neue Terrorismus die totale Befreiung von sämtlichen „ungläubigen" Einflüssen. Dabei wird auf die Idee des Panislamismus zurückgegriffen, der bereits bei *al-Afghani* erste klare Konturen annahm. Der Einfluss *al-Afghani* breitete sich vor allem im Iran, in Ägypten, in Indien und in dem Osmanischen Reich aus und ist bis heute Teil des jihadistischen

Narrativen. *Al-Afghanis* Bemühen um den Panislamismus war keineswegs eine neue Entwicklung, vielmehr lag die Idee einer einheitlichen islamischen „Nation" in der Luft. Bereits junge osmanischen Intellektuelle behandelten dieses Thema unter dem Begriff „Einheit des Islams" (*Itti-had-i Islam*). Der Grundgedanke bestand darin, dass durch die Vereinigung aller Muslime und aller islamischen Mächte dem übermächtigen Europa Einheit geboten werden kann.[46] Eine solche Vereinigung war deshalb so problematisch, weil die Muslime untereinander bereits heillos zerstritten und gespalten waren. Das drückt sich vor allem durch den „Bruderkrieg" aus. Als der Prophet überraschend 632 starb, hatte er verabsäumt sich um eine Nachfolge zu kümmern. Das Ergebnis war ein verbitterter Streit unter seinen Anhängern um die politische Macht. Zu dieser Zeit waren die Muslime noch weitgehend vereint, es gab keine sunnitische oder schiitische Strömung. Während die Mehrheit der damaligen Gläubigen den fähigsten Heerführer als nächster Kalifen (Stellvertreter oder Nachfolger, häufig auch als Herrschaftstitel verwendet) sehen wollten, widersprach eine Minderheit. Sie vertrat die Meinung, der richtige Nachfolger müsse aus der Familie Mohammeds stammen. In ihren Augen konnte dies nur *Ali*, der Neffe des Propheten, sein. Aus den Anhänger *Ali* (*Schiat Ali*) entwickelte sich die schiitische Konfession, die bis heute eine islamische Minderheit darstellt. Die Mehrheit der Gläubigen ist der sunnitischen Konfession zuzuordnen, die ihren Namen von dem arabischen Begriff "*ahl as-sunna*" (Tradition des Volkes) ableiteten. In diesem anfangs rein machtpolitischen Streit, unterstellten die Schiiten, die Sunniten hätten Koranstellen gestrichen, aus den klar hervorginge, dass *Ali* der nächste Kalif werden sollte. Der Vorwurf der Koranfälschung wiegt bis heute schwer. Immer wieder kommt es zu blutigen Konflikten zwischen den islamischen Strömungen. Neben diesen großen Konfessionen gibt es noch weitere Abspaltungen und Sekten wie die „Zwölfer-Schia", die

„Charidschiten" oder verschiedene „Sufische Strömungen". Eine Vereinigung aller Muslime wäre daher ein größeres Projekt gewesen. Trotzdem setzte sich die Idee der „Einheit des Islams" im islamistischen Denken durch, für die es letztlich sogar zu kämpfen lohne. Hatte *al-Afghani* noch Bewunderung für westliche Entwicklungen, kennt die neue Ideologie nur noch Verachtung und grenzenlosen Hass auf alles „Ungläubige".

Um von einem islamistischen Terrorismus zu sprechen, bedarf es eindeutiger Indikatoren, die den Terror als eine religiös legitimierte Tat identifiziert. Weltweit legitimieren islamistische Terroristen ihre Handlungen aus dem Koran und der Sunna des Propheten. Immer wieder wird bei Terroranschlägen der Ausruf" *„Allahu Akhbar!"* (Gott ist der Größte) laut gerufen, ein Hinweis, dass die ausgeführte Tat sich in einer göttlichen Relation befindet. Ein wortwörtlich gelebter Islam, und das ist das Fundament der islamistischen Terroristen, stellt einen theokratischen Totalitarismus mit Absolutheitsansprüchen dar. Der Auftrag, so die Argumentation der Islamisten, kommt direkt von Allah und ist damit für alle Muslime verpflichtend. Letztlich ist der islamische Terrorismus bestrebt, eine Naturalisierung von Ungleichheit herzustellen[47], in dem es zu einer ethnisch und religiös reinen Gemeinschaft kommen soll. In der Vorstellung der Islamisten leben im Kalifat nur „reine, fromme" islamische Gläubige. In einer totalen Aufgabe als einer Auflösung der Individualität in dem totalitären Ganzen des Jihadismus soll das Individuum seine Funktion durch strikte Aufgabenverteilung und eindeutige Positionen finden. Diese radikale Vorstellung und die Rechtfertigung der „Terror-Ideologie" gehen vor allem auf die Muslimbruderschaft zurück. Durch die Vorstellung der Muslimbrüder *Al-Bannas* und *Sayyid Qutb*[48] eines Kalifats ohne ungläubige Einflüsse und dem notwendigen Kampf dafür, erlebte der Jihadismus eine Reform und wurde endgültig zu einer Befreiungsideologie auf Basis religiöser Elemente. In dem radikalen Verständnis muss der Islam von allen westlichen und anti-islamischen Elemente gereinigt werden. Die vor-islamische Zeit wurde als die Zeit des „Unwissens" verstanden (*Jahiliyya*). Das wird auch immer wieder als moderne Rechtfertigung von terroristischen Gruppen herangezogen. Die modernen Gesellschaften leben nach der Argumentation der Islamisten in einer neuen Zeit des „Unwissens", mit dem Unterschied, dass die Lehren des Islams ihnen bekannt sind. Es wird daher argumentiert, dass es eine bewusste Abkehr von islamischen Werten und Konzepten gibt, was in extremistischen Kreisen als direkter Angriff auf den Islam und Allahs gedeutet wird. Somit hätten die „Unwissenden" die aber nun eigentlich „Wissende" seien den Islam verraten, der notwendige Terrorismus wird damit zu einem „präventiven Verteidigungskrieg" und Instrument, den Islam mit dem Schwert zu verbreiten. Die Argumentation wird auf die gesamte Welt ausgebreitet, der Terrorismus zur notwendigen globalen Waffe islamistischer Gruppen.

Beim religiös motivierten Terrorismus sind die Mitglieder im Vergleich zum weltlichen Terrorismus viel häufiger zur Aufgabe ihres eigenen Lebens bereit. Damit erhöht sich die Durchschlagskraft der menschlichen Bombe erheblich, da die Jihadisten nicht mehr Sicherheitsmaßnahmen für ihr eigenes Leben schaffen müssen. Hier erreicht der religiös motivierte Extremismus die höchste Wirkung, aber diese Art von Terrorismus hat die Problematik, dass ein Attentäter generell nur einmal eingesetzt werden kann. Es bedarf daher einer ständigen Reproduktion neuer Terroristen, weshalb die Ideologie des Extremismus mit Nachdruck verbreitet werden muss. Religiös motivierter Terrorismus stellt somit eine dringliche Herausforderung für das 21. Jahrhundert dar. Der neue Terrorismus betrifft nicht nur die Sakralisierung der Gewalt, sondern er ist durch eine

Steigerung des kollektiven Hasses und der latent herrschenden Gewalterfahrungen gegen über allem „Ungläubigen" gekennzeichnet. Der Todeskult, die Ehre des Sterbens auf dem Schlachtfeld, die Vernichtung der Feinde, die Zerstörung der „fremden", falschen Kultur und ihre Artefakte sind Basis des islamistischen Terrorismus. Es ist die totalitäre Kampfansage an alle „Ungläubigen", an die Götzen und die Feinde Mohammeds. Nach der Vorstellung der Jihadisten werden die Waffen erst dann ruhen, wenn alle Feinde getötet und der Islam als absolutes Herrschaftsmodell die ganze Welt erfasst hat.

1.4.3. Der Terrorismus des „IS"

Köpfe abschneiden, das Verbrennen von lebenden Gefangenen, das Aufspießen der Schädel, die systematische Vergewaltigungen von Mädchen und Frauen, sind keine „Erfindung" des „IS", solche Praktiken gab es bereits vor dem islamistischen Terrorismus. Neu ist die audiovisuelle Inszenierung der Brutalität und Grausamkeit. Damit spielt der islamistische Terrorismus mit den Ängsten der Feinde während er gleichzeitig Sympathisanten anspricht. Er perfektioniert die Sprache der Barbarei, der Brutalität, der Entmenschlichung und Entwürdigung der Opfer. Detailaufnahmen von gefolterten „Ungläubigen", in Szene gesetzte Hinrichtungen oder die effektvoll gefilmte Tötung von Opfern spitzen die Sprache des Hasses zu. Diese Schockeffekte werden bewusst als eine moderne Sprache eingesetzt, eine Sprachform, die der Westen mehrheitlich nicht mehr spricht. Es reicht nicht, den Gegner zu töten, sein Tod muss nachhaltig wirksam sein. Der Schockeffekt ist kein Nebeneffekt, der in Kauf genommen wird, sondern er ist der elaborierte Code des Jihadismus. Die Logik des Terrorismus besteht nicht in der Tötung Ungläubiger, sondern in der Zelebrierung der totalen Vernichtung. Das Problem dieser Art der Sprache sind ihr inflationärer Gebrauch und der Gewöhnungseffekt der Menschen an einen radikal gewaltbereiten Zustand. Die

Unfälle im Straßenverkehr, die Toten durch falsche Ernährung produzieren weit mehr Tote als der Terrorismus, und es ist sehr unwahrscheinlich, Opfer eines Terroranschlages in Österreich zu werden, aber die Sprache ist radikal klar und unmissverständlich: Jeder Ungläubige könnte das nächste Opfer des Terrors werden.

Der moderne Terrorismus des „IS" markiert auch gleichzeitig den Paradigmenwechsel in einer modernen Kriegsführung und strategisch-militärischen Taktik. Auch wenn Terrorismus generell nicht als eine Kriegsform begriffen wird, vertrete ich die Meinung, dass der netzwerkartige Terrorismus eine neu-moderne-dezentrale Kriegsführung nicht staatlicher Akteure darstellt. Terrorismus ist der direkte und offene Angriff auf eine Gesellschaft und impliziert durch die erste Terroranwendung eine Kriegserklärung. Unter diesem Aspekt wird der Terrorismus des „IS" zu einer offenen Kriegserklärung an alle Feinde dieser Terrororganisation, welche in deren Augen alle Ungläubigen sind. Auch der „IS" übernimmt eine Vision des Panislamismus und verbindet diesen mit der Figur der Eroberung der ganzen Welt. Damit erweitert er den „territorialen Rechtsanspruch" endgültig auch auf nicht arabisch-islamische Länder.

Der religiöse Terrorismus der islamistischen Terrorgruppen hat dabei ein Sprachproblem, seine durch einen Anschlag vermittelten Botschaften können in einer säkularisierten Welt nicht immer eindeutig verstanden werden. Gewalt und Zerstörung sind zwar eine starke symbolische Sprache, aber die tiefere Botschaft kann dadurch verdeckt werden. Der Anschlag in Frankreich auf das Rockkonzert im Club „Bataclan" kann nur verstanden werden, wenn der fundamentalistische Islam begriffen wird. Bereits im Wahhabismus galten Musik und Tanz als Sünde, und spätestens seit der Muslimbruderschaft ist dies weit mehr als eine Sünde, sondern bereits der moralische Untergang einer dekadenten sich selbst verleugnenden Gesellschaft, die nicht nur Gott infrage stellt, sondern die göttliche Botschaft „hasst". Damit wird Gott nicht nur verleugnet und beschmutzt, sondern direkt provoziert. Diese vermeintliche Provokation saugt der Islamismus auf und rekonstruiert aus der Tradition des Islams seine religiös-ideologische Legitimation. *Kurt Salamum* spricht in diesem Zusammenhang von so genannten „Ankerpunkten"[49], in denen fundamentalistisches Denken mythisch-idealisierten Vorstellungen vergangener „goldener Zeiten" nachtrauert und bestrebt ist, diesen Zustand in der Moderne zu realisieren. Aus der Absolutsetzung der vermeintlichen Werte und der Illusion des Wiederreichen dieses „Goldenen Zeitalter" entwickelt der Islamismus seine Kampfbereitschaft, die in den extremistischen Terrorgruppen ihren ideologischen Höhepunkt findet. Aus diesem Grund sind Anschläge auf westliche Einrichtungen und Veranstaltungen die im islamischen Fundamentalismus als „Haram" gelten, ein symbolischer Akt der totalen Vernichtung der Werte des Westens. Der Anschlag in Berlin auf den Weihnachtsmarkt verdeutlicht den Hass auf den Westen und das vermeintlich ausschweifenden und gotteslästere Leben der Menschen. Nur durch den Anschlag kann es gelingen, die Bürger durch ihren Tod von diesem dekadenten Leben abzubringen und die Mitmenschen zu einem gottgefälligen Leben zu erziehen. Die Angst vor weiteren Anschlägen, Angriffen oder Entführungen führt dazu, dass immer mehr Menschen und Organisationen sich dem Diktat der Islamisten beugen.

In ihrem Bestreben neigen Terrorgruppen generell zu einer Selbstüberschätzung ihrer Wirkung und zu einer Übertreibung der von ihnen durchgeführten Taten. In der Vorstellung des „IS" werden alle Muslime als willige Soldaten für den Jihad im Blitzkrieg in Europa mitkämpfen. Dabei wird unterstellt, dass alle Muslime lieber für ein

Kalifat kämpfen wollen als in einer „ungläubigen" Gesellschaft zu leben. Auch wenn die Reaktionen auf Terroranschläge seitens der muslimischen Community oft nur zögerlich und spärlich ihren Unmut über die Anschläge ausdrücken, wollen die meisten Muslime keinen Krieg. In vielen Foren werden Anschläge von radikalen Muslimen aber immer wieder gefeiert, so soll ein Anhänger der jihadistischen Ideologie nach den Anschlag auf das Satiremagazin „Charlie Hebdo" online geschrieben haben: *"Möge Allah unsere französischen Brüder belohnen"*[50], solche Aussagen lassen sich immer wieder finden. Auch Drohungen vom Beginn eines totalen islamischen Krieges in Europa und Eroberungen des Westens sind immer wieder Bestandteil von Debatten in islamistischen Foren. Ein Anschlag stellt eine Forderung an die Muslime dar, sich dem Befreiungskampf anzuschließen und aus der gottlosen Gesellschaft als gläubige Muslime hervorzutreten. Anschläge sollen demnach auch Signale der Hoffnung für die Unterdrückten sein. Besonders dem religiösen Terrorismus gelingt es, seinen Kampf als überirdisches gottgewolltes Ordnungsprinzip zu verbreiten. Es ist daher eine heilige Pflicht, diesen Kampf fortzuführen, bei der Erfüllung dieser Aufgabe darf keine Schwäche erlaubt sein. Der religiöse Terrorismus überwindet jegliche gesellschaftliche und menschliche Barriere, er ist nicht darauf bedacht, wie der weltliche Terrorismus, nur gezielten Schaden anzurichten, sondern er will alles zerstören, was „ungläubig" ist. Mit dieser Vorstellung sind alle Ziele terroristischer Anschläge erlaubt, jeder Ungläubige soll jederzeit von den Jihadisten angegriffen werden und westliche Institutionen müssen zerstört werden. Der Jihadismus baut gerade darauf seine unberechenbare Stärke auf, dass er die extremistische Negation der westlichen Gemeinschaft darstellt und zur totalitären Figur des Kampfes wird. Er ist die absolute Vernichtung und Zerstörung und bedroht das friedliche Zusammenleben aller

Menschen. Der Tod des Attentäters bedeutet oftmals auch den Tod vieler unschuldiger Opfer.

Kapitel II – Situation in Österreich

2.1. Der Islam in Österreich

Die islamischen Gruppierungen in Österreich haben vor allem türkische, bosnische, serbische und russische Kontexte. Rund die Hälfte der Muslime in Österreich besitzen mit 49% die österreichische Staatsbürgerschaft.[51] Da kirchliche Strukturen dem Islam grundsätzlich fremd, weshalb sind gibt es auch keine direkte und von vielen akzeptierte Institution wie den Papst.[52] Es sind daher vor allem selbstorganisatorische Kräfte bei der Strukturierung der Moscheen und den islamischen Vereinen in Österreich am Tragen. Daraus ergibt sich das Bild einer flächendeckenden Entstehung von islamischen Vereinen und Organisationen, die sich zwar tendenziell einem Dachverband anschließen, aber dies meist nicht aus religiösen, sondern generell aus pragmatischen Gründen. Durch den Zusammenschluss entstehen neue politische Akteure, die einen immer stärkeren Einfluss auf Politik und Gesellschaft ausüben. Der Islam ist in Österreich nach der römisch-katholischen Kirche die zweitgrößte Religionsgemeinschaft, mit steigender Tendenz. Schätzungsweise leben heute rund 700.000 Muslime in Österreich. Diese von der Österreichischen Integrationsfonds (ÖIF) herausgebenden Zahlen sind aber nur ein grober Schätzwert, da eine Volkszählung mit Erhebung der Religion zuletzt im Jahr 2001 mit rund 346.000 Muslimen stattfand.[53] Nach dieser vorsichtigen Schätzung hätte sich die muslimische Bevölkerung in Österreich in den letzten Jahren beinahe verdoppelt und würde knapp 8% der österreichischen Bevölkerung ausmachen. Wobei statistisch betrachtet die meisten Muslime in Wien leben. Ab den 1990er Jahren wurden die bereits häufig eingebürgerten Muslime auch für die werbenden Parteien als potentielle Wählergruppen relevant. Dem ist es auch geschuldet, dass politische Programme auch religiöse, vor allem islamische Inhalte aufweisen oder zumindest eine gewisse Nähe dazu haben.

In den letzten Jahren ist eine Zunahme von Moscheen, islamischen Vereinen, Predigern, Gläubigern und der Veröffentlichung von Broschüren oder Internetauftritten spürbar, die die Vorteile der Religion des Islams gegenüber dem Atheismus, anderen Religionen und dem säkularen Gesellschaftsmodell darstellen. Auch wird auf den interreligiösen und interkulturellen Dialog mit dem Westen verwiesen. Sind das Vorzeichen eines Prozesses der Aufklärung des Islams in Europa oder breitet sich hier ein fundamentalistischer Islam unter dem Vorzeichen der Toleranz und Religionsfreiheit aus? Die religiösen Regeln und Normen beziehen sich im Islam wie in keiner anderen Religion nicht nur auf eine spirituelle Praxis, sondern sie umfassen totalitär die gesamte Lebensgestaltung der Gläubigen, mit der weitreichenden Folge der prinzipiellen Untrennbarkeit von Religion und Staat. Die Rituale und Regelungen des Islams, wie das fünfmalige Beten am Tag, das Tragen von „religiösen Kleidern" oder religiöse Wertvorstellungen, haben auch Einfluss auf normative Gesetze. Solche islamischen Regeln bestimmen ebenso das öffentliche wie auch das private Leben der Muslime. Damit ist der Islam ein totalitäres System, das sämtliche Dimensionen des Lebens der Gläubigen zu regeln versucht. Viele religiöse Vorstellungen, Werte und Normen sind nur schwer mit dem westlichen Modell vereinbar, es kommt immer wieder zu Konflikten wie das Tragen eines Kopftuches für Minderjährige, das Fasten der Muslime, der Schwimmunterricht für Mädchen in der Schule und die Tendenz der Verdrängung westlicher Lehrmeinungen. Das „göttliche" Gesetz der Scharia steht in der Vorstellung der Muslime über sämtlichen Gesetzen der Konvention. Während der säkulare Staat normative Regeln auf Basis einer weitgehenden weltanschauungsneutraleren Grundnorm[54] aufstellt, gilt die Scharia als oberste rechtliche Grundnorm der Muslime.

2.2. Das alte und das neue Islamgesetz

Das Islamgesetz von 1912 sollte die Bevölkerung Bosnien und Herzegowina im Habsburger Reich mit den anerkannten christlichen Kirchen und Religionsgemeinschaften gleichstellen. Die damalige Regelung sah vor, dass die muslimischen Kultusgemeinschaften sich selbstständig organisieren dürfen, wobei die Staatsaufsicht übergeordnet blieb. Bereits hier wird die Regelung getroffen, dass „Religionsdiener" auch aus Bosnien oder Herzegowina bestellt werden dürfen.[55] Mit diesem Islamgesetz, das in Teilen auch nach dem neuen Islamgesetz Gültigkeit hat, nahm Österreich eine Vorreiterrolle im europäischen Kontext ein. Es war das Ergebnis der Auseinandersetzung der Habsburger Monarchie mit dem Islam besonders auf dem Balkan und seine Auswirkungen auf die durch Eroberungen im österreichischen Hoheitsgebiet lebenden Muslime. Aufgrund der Integration konnten immer mehr Muslime in Verwaltung und auch im Heer Österreichs arbeiten und wirken.

Die Betonung im Gesetz auf den „hanefitischen" Ritus des Islams ist dem Umstand zu verdanken, dass diese Bewegung die damals größte islamische Strömung des sunnitischen Islams darstellte und vor allem im (ost)europäischen Raum und der Türkei verbreitet war. Auch wenn das Gesetz den Muslimen weitere Rechte einräumte, führte es auch zu Einschränkungen. Der islamischen Ehe wurde verboten, zulässig war nur mehr die zivilrechtlich geschlossene Ehe zwischen zwei erwachsenen mündigen Partnern.[56] Auch wenn das Gesetz kaum seine volle Entfaltung erreichen konnte, da das Habsburger Reich nicht mehr allzu lange existieren sollte und nach dem Zusammenbruch kaum mehr Muslime im österreichischen Hoheitsgebiet lebten, wirkt es bis heute nach. Eine wichtige Bedeutung erfuhr das Gesetz in den 1960er Jahren durch den Zuzug von Gastarbeitern aus islamischen Ländern. Der heutigen zweiten und vor allem der dritten Generation der Gastarbeiter und dem neuen Zuzug islamistischer Muslime ist es zu verdanken, dass eine Verschärfung des Islamgesetzes unter der Betrachtung islamistischer Strömungen notwendig wurde.

War das „alte" Islamgesetz eine Reaktion auf die Integration der Muslime Bosniens und Herzegowinas, ist das aktuelle Islamgesetz vor allem eine Reaktion auf Entwicklungen zu radikalen Tendenzen im österreichischen Islam besonders unter Berücksichtigung extremistischen und ausländischen Einflüssen. Das neue Islamgesetz soll den Vorrang österreichischer Gesetze vor islamischen Traditionen regeln. Der erste Abschnitt regelt die organisierten Muslime als Körperschaft des öffentlichen Rechts und betont, dass die österreichischen Gesetze Vorrang haben. Damit dürfen sich muslimische Vereine zwar auf ihre traditionellen und religiösen Regeln und Gesetze berufen, aber nur insofern, als diese sich im Einklang mit den österreichischen Gesetzen befinden. Muslimen wird hier das Recht auf Ausübung der religiösen Riten gestattet, darunter eine religiöse Betreuung beispielsweise in Krankenanstalten, im Schulbetrieb oder im Bundesheer. Ein wichtiger Punkt ist die islamische Seelsorge, ein Konzept das es im Islam gar nicht gibt, sondern eine Projektion westlicher Vorstellungen auf den Islam darstellt. „Der Islam ist eine private Religion, die Mehrheit der Muslime", so der Islam- und Terrorexperte *Amer Albayati,* „lehnt staatlich bezahlte Islam-Seelsorge ab".[57] Auch religiöse Speisevorschriften oder das Schächten von Tieren wird in diesem Gesetz ein Recht eingeräumt, sofern es nach tierschutzrechtlichen Regelungen umgesetzt werden kann.

Durch solche „gesonderten" Gesetze wird die Religion der Muslime in einem säkularen Land extra hervorgehoben. Bereits 1992 reichte Österreich einen Gesetzesentwurf bei der Generalversammlung der Vereinten Nationen über die *„Erklärung über die Rechte von Personen, die nationalen oder ethnischen, religiösen und sprachlichen Minderheiten angehören"* ein[58] und legte damit den Grundstein für Punkt 27 der UN-Charta, der die Rechte von nationalen, ethnischen, religiösen oder kulturellen Minderheiten konkretisiert. Damit sollte das Recht der Minderheiten gestärkt werden, ihre Sprache, Kultur und Religion weitgehend uneingeschränkt ausüben zu können. Die Bundesverfassung gebietet eine „Gleichheit" vor dem Gesetz. Allerdings führt das Gleichheitsgebot zu diskriminierenden Situationen, weil bestimmte gruppenspezifische Merkmale nicht berücksichtigt werden können. Aus diesem Umstand hat sich die Idee der Rechte von Minderheiten entwickelt, damit von Benachteiligung bedrohte Minderheiten ihr Recht auf Auslebung kultureller, sprachlicher und religiöser Rituale besitzen. Das Islamgesetz kann unter diesem Umstand als ein Minderheitengesetz verstanden werden, weil es Muslimen Rechte einräumt, aber auch gleichzeitig durch spezielle Pflichten einschränkt. Ein Minderheitenrecht ist durchaus legitim, aber bedarf in einem säkularen Land eines nichtreligiösen Argumentes. Die Argumentation rein über die Religion ist falsch, es sollte vor allem über die soziokulturellen Bedingungen formuliert werden. Ansonsten wird das Grundprinzip Österreichs, die wertneutrale Weltanschauung so torpediert, dass religiöse Sprache und Argumente als Legitimation für gesellschaftliche Veränderungen geltend gemacht werden. Die Trennung von Religion und Staat gilt als eine wichtige Errungenschaft der

Aufklärung. Die Religion ist in Österreich vor allem im privaten Rahmen legitim, auch wenn es das Recht der öffentlichen Religionsausübung gibt, ist dies nur ein schmaler Raum, der viel Diskussionszündstoff liefern kann. So ist die Debatte der Religionsausübung ein ständiger Prozess, der vor allem von islamistischen Vereinen getragen wird. Bei der Debatte wird immer auf das Recht auf freie Religionsausübung gepocht, um weitere religiöse Riten, Praktiken und Vorstellungen in den öffentlichen Raum zu legitimieren. Neben dem öffentlichen fünfmaligen Beten, dem Tragen von Verschleierungen insbesondere für Mädchen und Frauen, der Verweigerung, aus religiösen Gründen Frauen die Hand zu reichen, dem Ablehnen der Teilnahme an politischen Wahlen oder dem Missionieren von salafistischen Strömungen versuchen islamitische Vereine den Islam und seine Ideale durchzusetzen. Die Gefahr bei dieser grundsätzlich sinnvollen Toleranz gegenüber Minderheiten besteht daran, dass wenn diese zu absoluten Machtansprüche neigen, ihre Interessen auch gegen die Mehrheit durchsetzen und damit einen sozialen Sprengstoff liefern. Wenn ihre Vorstellungen immer mehr akzeptiert werden, diese aber grundsätzlich gegen geltendes Recht und Ethik verstoßen, liefert das den Zündstoff für den Zusammenprall der Kulturen. Hier muss der Staat regulierend und im Sinne der Mehrheitsgesellschaft und des friedlichen Zusammenlebens aktiv eingreifen.

Das neue Islamgesetz stellt einen Versuch dar, die islamistischen Entwicklungen zu regulieren. Es soll u.a. die Auslandfinanzierung von islamischen Vereinen in Österreich verhindert, das Auftreten von radikalen Imamen verboten, die Ausbildung der Imame in Österreich organisiert werden, und viele Eckpunkte mehr sollen gesetzt werden. Zwar wird in dem neuen Islamgesetz grundsätzlich eine „Einmischung" aus dem Ausland untersagt, aber aufgrund des im

Konkordat im Jahr 1933 festgesetzten Rechts der katholischen Kirchen, weitgehende Autonomie bei der Bestellung ihrer Würdenträger zu haben, wäre ein Verbot dieser Praxis bei anderen Religionsträgern nach dem Prinzip des Verbotes der Ungleichbehandlung schwer durchzusetzen.[59] Dennoch bedarf es hier einer starken Regelung, da ansonsten der ausländische Einfluss besonders durch im Ausland ausgebildete Imame in Österreich zunehmen wird. Durch eine starke Auslandsfinanzierung von Moscheen und Islamvereine in Österreich wird die Ideologie des Gönnerlandes durch die Moschee als Türenöffner in die österreichische Gesellschaft getragen. Damit besteht die berechtigte Gefahr, dass Moscheen und islamische Vereine sich einer Kontrolle durch staatliche Institutionen entziehen und somit eine religiös legitimierte der österreichischen Wertvorstellung diametral gegenüberstehende Weltanschauung verbreiten. Hier kann sich der Islamismus und letztlich auch der politische Extremismus entfalten und ausbreiten.

2.3. Der islamische Extremismus – eine Absage an die Demokratie

Der Islam ist nicht nur eine spirituelle Religion, sondern auch ein religiös politisch-gesellschaftliches Modell, das auf die Auslegung der heiligen Texte und der normativen Sunna basiert. Daher kann der Islam in einer fundamentalistischen Interpretation nicht nur als eine Privatangelegenheit verstanden werden, sondern muss als totalitäres Gesellschaftssystem, das alle Lebensbereiche umfasst, gesehen werden. In der Ideologie der Islamisten ist die gesamte Welt ein von Gott gegebenes Territorium, das als beste Gesellschaft vom Souverän Allahs beherrscht wird. Das wird bereits durch den Koran legitimiert: „*Ihr seid die beste Gemeinde, die für die Menschen entstand. Ihr gebietet das, was Rechtens ist, und ihr verbietet das Unrecht, und ihr glaubt an Allah. Und wenn die Leute der Schrift geglaubt hätten, wahrlich, es wäre gut für sie gewesen! Unter ihnen sind Gläubige, aber die Mehrzahl von ihnen sind Frevler"*[60]. Islamistische Organisationen beziehen die Aussage der „besten Gemeinschaft" lediglich auf scharia- und islamkonforme Gemeinschaften, alle anderen müssen bekämpft werden. Damit sind Eroberungen bzw. Islamisierungsprozesse gerechtfertigt und legitimiert.

Die enge Verbindung von Fundamentalismus, Extremismus und Terrorismus ist kein Zufall. Fundamentalistische Strömungen wie der Islamismus produzieren Gewalt, Hass und Ablehnung der Mehrheitsgesellschaft. Die größte Gefahr für die offene liberale Gesellschaft Österreichs stellt unverändert die Bedrohung des islamistischen Extremismus dar.[61] Jedem fundamentalistischen System, insbesondere jedem religiös motivierten System ist gemeinsam, dass die eigenen Lehren bzw. die dem System zugrundeliegenden Lehren als absolut wahr, richtig, vollkommen und unfehlbar begriffen werden. Damit verbunden ist auch zwangsweise eine starke Skepsis gegenüber anderen bis hin zur radikalen Ablehnung anderer Weltanschauungen. Je nach religiösem Inhalt entwickelt sich das Bedürfnis des Missionierens oder das Bestreben der totalen Isolation der Gruppierung. Das unverrückbare Weltbild garantiert Sicherheit, Eindeutigkeit und effektive Handlungsfähigkeiten. Diese „bedingungslose Liebe" der Islamisten zu Allah stellt das Kernelement des Extremismus dar. Daraus wird dann abgeleitet, dass jene, welche „diese Liebe" zu Allah nicht vollständig oder gar nicht teilen, abgelehnt oder bekämpft werden müssen. Das führt dann sogar soweit, dass auch enge Vertraute oder Familienmitglieder gehasst werden, wenn sie den „wahren Lehren" der Islamisten nicht folgen. Eine solche ideologische Weltanschauung stellt die Basis für den Extremismus dar.

Das in diesem gewaltbereiten Milieu gelebte Ethos führt allgemein zu einer Herabsetzung der Hemmschwelle von Gewalt und zu einer

Bereitschaft terroristischen Taten. In Europa haben sich extremistisch-islamistische Strukturen und Organisationen gegründet, aus denen Islamisten neue Mitglieder rekrutieren. Die Drohungen aus dem Kalifat in Syrien und Irak gegenüber Österreich erreichten 2015 einen Höhepunkt. Maßgeblich traten der „Austro-Jihadist" *Mohammed M.* und der IS-Propagandist *Firas H.* in Erscheinung. So drohte *Mohammed M.*: *„Ich werde Deutschland nur in einem einzigen Fall betreten. […] Als Eroberer, um die Scharia in Deutschland einzuführen! Ich bleibe nicht in einem Land, um unter den Kuffar zu leben."*[62] Solche Aussagen unterstreichen die utopische Vorstellung und Vision der „allmächtigen" Jihadisten. Auch wenn diese Provokationen oftmals scheinbar wirkungslos im Raum verhallen und keine direkten Anschläge folgen, stellen sie ein großen Anziehungsmagnet für Sympathisanten dar. Diese gezielte Provokation der Mehrheitsgesellschaft durch Gruppen, aber auch durch Einzelakteure mittels Normbruch und Gesetzesübertretungen stellt den „handlungsunfähigen" Staat nicht nur bloß, sondern brüskiert ihn und zeigt ihm seine Grenzen auf. Es ist das bewusste Hinwegsetzen über die herrschende Moral, wobei diese Angriffe in der eigenen Community als tugendhaft begriffen werden. Wer provoziert, wie auch immer, sucht den Konflikt und setzt statt auf Dialog auf „Gewalt" in einem weiten Sinn. Er will reizen, die Gegenseite zum emotionalen „Gegenschlag" herausfordern, um dann seine eigenen Taten rechtfertigen zu können. Das ist eine aggressive Strategie der islamistischen Provokation. Genauso wie Jihadisten durch Anschläge und offene Gewalt den Staat herausfordern, provozieren islamistische Gruppen durch meist noch legale oder zumindest rechtlich in einem Graubereich stattfindende Aktionen; wobei Gesetzesübertretungen als bewusstes Provozieren, wie beispielsweise das provokante Tragen von Burkas als Widerstand gegen die herrschende ungläubige Moral und Gesetze verstanden werden. Da die herrschenden Gesetze von Ungläubigen entwickelt sind und nicht auf dem Gottessouverän basieren, können sie auch keine Gültigkeit für wahre gläubige Muslime haben. *Nora Illi,* die Frauenbeauftragte des Vereins „Islamischer Zentralrat Schweiz (IZRS)" provoziert nicht nur mit dem öffentlichen Tragen der Vollverschleierung, sondern zeigt auch Verständnis das junge Mädchen sich radikalisieren und sich dem „IS" anschließen: *„"Je mehr Türen man uns Muslimen verschließt, desto mehr schürt man die Aggression. Da erscheint das Leben in einem islamischen Staat verführerisch. Das sieht man bei vielen jungen Leuten, auch bei Mädchen, die davon träumen, nach Syrien zu gehen"*[63]. Damit argumentiert sie mit Diskriminierungserfahrungen und der vermeintlichen Unterdrückung der Muslime in Europa. Generell verstehen sich die Muslime in der Diaspora- „umma" im Westen als ethnische Mehrheit, die andere „Minderheiten" werden in „ihrem Territorium" höchstens noch geduldet.[64] Das führt soweit, dass in überwiegend von Muslimen bewohnte Stadtvierteln nicht nur eine islamische Kultur entsteht, sondern auch islamische Vorstellungen und Normen gelebt werden. Diese parallelen Strukturen werden immer mehr zu einem sicheren Rückzugsort der Muslime, in denen sich extremistische Strömungen, die sich diametral zum Westen verhalten, herausbilden können. So hat sich das Brüsseler Stadtviertel „Molenbeek-Saint Jean" zu einer Brutstätte des Islamismus und Terrorismus entwickelt. Drahtzieher der Terroranschläge von Casablanca (2003), Madrid (2004) oder den Paris-Anschläge (2015) waren „Besucher" des Islamischen Zentrum in der Rue du Manchester. Von den rund 100.000 in diesem Stadtteil lebenden Bürger/Innen haben knapp 80% einen Migrationshintergrund, hohe Arbeitslosigkeit, sozial niedere Stellung, Perspektivenlosigkeit und eine starke Zunahme fundamentalistischen Islamvorstellungen bilden die Basis für die Rekrutierung junger Jihad-Sympathisanten.[65] Solche islamischen „Hochburgen" entstehen überall in Europas Großstädten und ermöglichen extremistischen Vorstellungen sich auszubreiten.

Der religiös motivierte Extremismus ist vor allem in der Dialektik des Bestrebens säkularisierte Staatsmodelle im arabischen Raum zu entwickeln und der islamischen Tradition als Identitätsstiftung in seiner ideologischen Konzeption und in der elementaren Ablehnung säkularisierter Prozesse gestärkt worden. Dabei ist nach der extremistischen Vorstellung die Volkssouveränität, die Mittelpunkt moderner Staaten ist, nicht vereinbar mit religiösen Vorstellungen. *Sayyid Qubt* (radikaler Denker der frühen Muslimbruderschaft) legte den Grundstein der modernen Ansicht, dass die Gottessouveränität (*Haikyam*) über der Volkssouveränität stehen muss. Der Westen hat das Volk als den Souverän in einem „aufklärerischen Kampf" ermittelt, der Islamismus anerkennt einzig und allein Allah als den rechtmäßigen Souverän.[66] Von Menschen gemachte und in einem Parlament beschlossene Gesetze werden vom Islamismus generell streng abgelehnt. Die Volkssouveränität stellt in der Meinung der Extremisten ein veränderbares, unsicherer und moralisch verwerfliches Konzept dar, das Gott bewusst ausklammert. Dem dynamischen, flexiblen und fehlbaren westlichen Konzept wird ein ewig-gültiges göttliches unfehlbares Modell entgegengesetzt. Während erstes Modell für alle Menschen Gültigkeit besitzt, kann das islamische Modell nur für Gläubige Gültigkeit entfalten, was wiederum dazu führt, dass Ungläubige missioniert werden müssen.

Ein großer ideologischer Katalysator islamistischen Gedankengutes ist die Schicht der islamischen „Intellektuellen" und „Gelehrten", die generell dazu neigen, Absolutheitsansprüche aus ihrem Wissen abzuleiten. Diese Gruppe wird dann zum ideologischen Vorbereiter, wenn die gesellschaftliche Situation ihre Kritik nicht umsetzt, sondern massiven Widerstand hervorruft. Sie neigen dann dazu, visionäre und revolutionäre Gesellschaftsbilder mit umwälzenden Zielvorstellungen. zu entwerfen Diese utopischen Heilsversprechungen mit Naherwartungstendenzen[67] motivieren Islamisten und Sympathisanten ihren „Kampf" für das erwartete Kalifat immer stärker zu intensivieren. Aus dem Umstand der vermeintlichen Machtlosigkeit und dem Konzept der scheinbar absoluten Wahrheit entwickeln sich gewaltbejahende Strategien der Umgestaltung, die besonders auf frustrierte Jugendliche einen großen Anreiz haben. In Verbindung mit Religion und deren Legitimation der Wahrheits- und Absolutheitsansprüche kann eine solche angespannte Situation zu einem ausufernden Faschismus und zur Gewalt führen. Wenn Muftis, Mullahs, Imame, Religionsgelehrte und Intellektuelle kaum Interesse zeigen, aufgeklärte, liberale Positionen einzunehmen, wird der Extremismus weiterhin existieren und zunehmen. Es sind die Kategorien, die *Valentin Zsifkovits* als „Verschärfungstendenzen" ideologischer Konflikte und als Hemmung friedensfördernder Strategien identifiziert. Er zählt u.a. ein emotionalisiertes Feindbild mit klar ausgemachtem Sündenbock, absolute Wahrheitsansprüche oder manichäische Heilslehren als Grund einer „erschwerten" Friedensfindung auf.[68] Solange ein Feind-Freund-Denken vorherrschend ist, das den Westen als Sündenbock identifiziert, absolute Wahrheitsansprüche aus dem Koran und der Sunna abgeleitet werden, solange ist der Islamismus kampfbereit und nur zum strategischen Dialog bereit. Dem Rückgriff des radikalen islamischen Fundamentalismus auf unreflektierte, unaufgeklärte und enthistorisierte Islamquellen beschreibt *Hamed Abdel-Samad* als das „Zwiebel-Problem"[69], solange Kritik nur an der äußeren Schale kratzt und nicht in den Kern des Islams vordringt, werden kaum Veränderungsprozesse bewirkt. Das grundlegende Weltbild des „IS", die dichotome Einteilung in Gläubige und Ungläubige, wird weltweit in den meisten Moscheen gelehrt. Damit durchdringt diese Vorstellung sämtliche muslimische Schichten und verbreitet sich in der Gesellschaft. Kernproblem ist die sakrale Unantastbarkeit des Korans und die Figur Mohammeds.

Diese Immunisierungsstrategie macht eine notwendige Kritik unmöglich und hemmt die Entwicklung des Islams. Ein solcher Islam strahl wie ein Krebsgeschwür in viele Bereiche der Gesellschaft und beginnt diese schrittweise mit seinen unantastbaren Vorstellungen zu verändern. Die Verbreitung extremistischer und fundamentalistischer Weltanschauungen in den Moscheen Österreichs wird durch die aktuelle Studie „Die Rolle der Moschee im Integrationsprozess" des „Österreichischen Integrationsfond" bestätigt. In der Studie wurden die 16 reichweitenstärksten Moscheen in Wien und deren Kultusgemeinden kritisch beleuchtet. Dazu besuchten geschulte Experten die Freitagsgebete und versuchten mit den Imamen ein Interview zu führen, wobei nur neun der 16 Imame dazu bereit waren. Es stellte sich in der Analyse heraus, dass in einer deutlichen Mehrheit in den untersuchten Moscheen nicht nur ein fundamentalistischer Islam gelehrt, sondern auch eine deutliche Ablehnung österreichischer Werte vertreten wird.[70] Eine solche Grundhaltung stellt die Basis des islamistischen Extremismus dar. Auch die generell strenge Trennung nach Ethnien, die untergeordnete Rolle der Frau in den Moscheen und die Ausnahme von Predigen auf Deutsch, stellt die Loyalität der islamischen Vereine gegenüber Österreich als zumindest fragwürdig dar und fördert nationalistische und frauenabwertende Einstellungen. Auch wenn es sich hierbei nur um eine Auswahl handelt, lässt sich dennoch eine mögliche Tendenz ablesen. Es zeigt sich, dass islamistisches Gedankengut auch in „offiziellen" Moscheen mitunter weit verbreitet ist und somit eine Integration von Muslimen zumindest erschwert.

2.4. Die Muslimbruderschaft in Österreich

Inspiriert sind die meisten islamistischen Programme von der Muslimbruderschaft *("al-Iqhwan al-Moslimoun")*, die bis heute eine treibende Kraft ist. Die Bruderschaft wurde 1928 von *Hassan Al-*

Banna in Ägypten gegründet und hat sich seitdem über die ganze Welt in Form von Tochterorganisationen und Vereinen, die sich auf die Mutterorganisation berufen, ausgebreitet. Das Motto der Bruderschaft, das bis heute uneingeschränkte Gültigkeit hat, lautet: „*Der Islam ist die Lösung*" (*al-Islam huwa al-Hall*)[71], damit wird die Religion als einziger anerkannte Referenzrahmen gesellschaftlicher Veränderungen herangezogen. Sämtliche Reformen bedürfen daher eines „Abgleichs" mit den traditionellen Quellen der Religion des Islams Die Muslimbruderschaft legte mit ihrem radikalen Programm und der Auslegung der islamischen Quellen die Basis des modernen Islamismus und Extremismus. Die Ideologie der Muslimbruderschaft stellt eine radikale, extremistische und antidemokratische Vorstellung der Befreiung von „anti-islamischen" Einflüssen durch den Islam dar. Solche ideologischen Konzepte greifen den Westen offen an, eine Reformation dieses grundlegenden Programmes ist nicht erkennbar, wohl aber ein Wandel in ihrer Strategie. Greifen doch der Muslimbruderschaft nahestehende Organisationen verstärkt auf eine politisch-gesellschaftliche Partizipation als Instrument der gesellschaftlichen Umgestaltung zurück. Das Ziel der internationalen Muslimbruderschaft besteht in der Errichtung eines globalen Kalifats auf Basis des Korans und der Scharia. Ein wichtiges Element der Muslimbruderschaft liegt in der Erziehung (*tarbiya*) und steht für den totalitären Umbau der Gesellschaft nach islamischen Vorstellungen. Die Bildung und das spezifische Wissen sollen es den „*geistig versklavten*"[72] Muslimen ermöglichen, sich aus der Fremdherrschaft der „Kolonialmächte" zu befreien und sich ihrer eigenen Stärke zu besinnen.

Während es den Islamisten der Muslimbruderschaft in einigen arabischen Ländern gelungen ist, den Status einer sozialen Bewegung zu verlassen und teilweise als eine politische Partei bei Wahlen anzutreten, hat die Muslimbruderschaft in Europa die Form von „religiösen Lobbyisten" oder sozial engagierten Gruppen angenommen. Dazu wurden seit den 1970er Jahren unterschiedliche Organisationen gegründet, die teilweise direkt mit der Muslimbruderschaft in Verbindung stehen, darunter sind u.a. die „Federation of Islamic Organisations in Europe" (FIOE) und das „Forum of European Muslim Youth and Student Organisations" (FEMYSO) stellvertretend zu nennen.[73] Die entsprechenden Organisationen treten generell nicht unter dem Namen Muslimbruderschaft auf[74], was eine eindeutige Einschätzung der ideologischen Zugehörigkeit islamischer Vereine in Österreich erschwert. Obwohl die Muslimbruderschaft keine einheitliche Bewegung darstellt, sondern die unterschiedlichen Gruppen entweder ideologisch und/oder strukturell mit der Mutterorganisation in Ägypten zusammenhängen, verfolgen dennoch sämtliche Muslimbruderschaftsgruppen weltweit die Islamisierung. Dazu werden Beratungen, Schulungen und religiös-politische Lobbyarbeit angeboten. Die weltweit vertretenen Gruppen treten als karitative Organisation auf und haben Vertreter in die Politik geschickt. Die dezentrale Organisation der Muslimbruderschaft und die tiefe Verankerung in gesellschaftspolitischen Strukturen in Österreich, ermöglicht den Islamisten, ihr Programm schrittweise durchzusetzen. Die Feststellung, ob einzelne Vereine oder Personen eine Nähe zur Muslimbruderschaft und damit automatisch eine Ablehnung des demokratischen Staates implizieren, ist deshalb schwierig und lässt sich nur partiell nachweisen. Generell muss angenommen werden, dass ein Bezug zur Muslimbruderschaft besteht, wenn direkte Verbindungen nachgewiesen werden können oder die Verhaltensweisen und Werte direkten Bezug zur Ideologie der Muslimbruderschaft aufweisen.

Die Ideologie der Muslimbruderschaft wurde durch viele Anhänger dieser Gemeinschaft bis in das Herzen Europas getragen. Nach mehreren blutigen und gescheiterten Putschversuchen der Muslimbruderschaft in Ägypten flohen einige Mitglieder nach Europa. Aus Unverständnis und vermeintlicher Toleranz wurden diese Personen teilweise ohne Wissen über deren ideologische Herkunft aufgenommen und konnten sich zu einem Gesprächspartner des Westens entwickeln. *Sa'id Ramadan*, der Schwiegersohn des Gründers *Hassan Al-Banna*, gelangte so nach Europa und gründete in Genf im direkten Auftrag der ägyptischen Muslimbruderschaft das „Islamische Zentrum Genf" im Jahr 1961. Nur ein Jahr später initiierte er die Gründung der „Islamischen Weltliga" mit dem Ziel der friedlichen Islamisierung Europas. In Deutschland gelang es der Muslimbruderschaft, ein besonders engmaschiges Netz von Vereinen und Organisationen zu gründen, Zentrum dieser Struktur ist die „Islamischen Gesellschaft Deutschlands" (IGD).

Die Gefahr, die von der Muslimbruderschaft für die westlichen Demokratien ausgeht, wird generell unterschätzt. Im Verfassungsschutzbericht des deutschen Bundeslandes Baden-Württemberg wird auf die Gefahr hingewiesen, lautet das Motto der Bruderschaft doch: „*Gott ist unser Ziel. Der Prophet ist unser Führer. Der Koran ist unsere Verfassung. Der Jihad ist unser Weg. Der Tod für Gott ist unser nobelster Wunsch*".[75]. Dass dies keine leeren Worte sind, bestätigt der Fund eines brisanten Dokumentes, dass bei Hausdurchsuchungen in einer Schweizer Bank als Reaktion auf den 9/11 entdeckt wurde. Die Bank geriet in den Verdacht, Al-Qaida finanziert zu haben. In diesem Zusammenhang wurde das knapp 14 Seiten umfassende Papier mit dem Namen „The Project" beschlagnahmt. Dieses Papier stammt vermutlich aus der Feder *Sa'id Ramadans* und erklärt die strategische Unterwanderung der westlichen Gesellschaft durch islamistische Lobbyarbeit, strategische Infiltration der Politik und den Aufbau unterschiedlicher islamistisch-gesellschaftspolitischer Akteure.[76]

In Österreich ist die Muslimbruderschaft seit mindestens 40 Jahren aktiv, wobei sich zwei größere Strömungen herausgebildet haben: der ägyptische und der syrische Zweig. Letzterer bildet sogar Imame aus. Somit konnte die Ideologie nicht nur verbreitet werden, die Verbreitung wurde auch vom Staat unterstützt.[77] Einer der bekanntesten Akteure der islamistischen Bruderschaft in Österreich ist *Yusuf al-Qaradawi*, von dem das Werk „*Das Erlaubte und Verbotene im Islam*" stammt. Dieses Buch war jahrelang literarische Grundlage der Bildungsarbeit in islamischen Kindergärten und Schulen.[78] Mittlerweile gilt das aus den Bildungseinrichtungen verbannte Buch unter radikalen Islamisten als zu liberal. *Al-Qaradawi* gilt nicht nur als einer der wichtigsten spirituellen Führer der Muslimbruderschaft, sondern hat auch eine steigende Zahl von Anhängern in Europa. Er ist Mitglied der ECFR (European Council for Fatwa and Research) in Dublin. Diese muslimische Organisation ist bestrebt, Lebensformen im Westen gemäß der Scharia durchzusetzen. Einige radikalen Forderungen *Al-Qaradawi*, wie die Steinigung nach Ehebruch und ähnliches verstoßen zwar gegen geltendes europäisches Recht, werden aber immer wieder neu formuliert und gefordert. In der von der Muslimbruderschaft angestrebten göttlichen Ordnung gibt es keine Gleichberechtigung zwischen Mann und Frau, sämtliche liberale Strömungen werden aufgelöst und der Westen islamisiert.

Das Vorhandensein und den Einfluss der Muslimbruderschaft gibt auch das BMI (Bundesministerium für Inneres) in einem Antwortschreiben auf eine parlamentarische Anfrage indirekt zu. Die von Heinz-Christian Strache und anderen Abgeordneten am 06.06.2014 unter der Aktenzahl 1688/J eingereichte Anfrage befasst sich mit dem Einfluss der Muslimbruderschaft in der Alpenrepublik. Konkret geht es um ein Treffen, das in der Volkshochschule Donaustadt im Oktober 2013 stattfand. Die von *Abualwafa Mohamed*, einem Mitglied der „Islamische Liga der Kultur" organisierte Veranstaltung wurde auch von *Wael Qandil*, besucht, einem mutmaßlichen Islamisten. In der Beantwortung, ob den österreichischen Sicherheitskräften diese Veranstaltung bekannt war und ob es bekannte Einflüsse der Muslimbruderschaft in Österreich gibt, antwortete das BMI am 04.08.2014, dass die Veranstaltung friedlich und ohne Probleme stattfand. Und bezüglich möglicher Einflüsse der Muslimbruderschaft in Österreich wurde festgehalten: *„In der jüngsten Vergangenheit stellten die Aktivitäten der Muslimbruderschaft keinen Anlass zum Einschreiten nach der Strafprozessordnung, nach dem Sicherheitspolizei- oder anderer einschlägiger Gesetze dar."[79]*. Damit ist zwar ein Einfluss der Muslimbruderschaft zugeben, deren Umfang aber daraus noch nicht ableitbar. Wenn aber bereits der Einfluss in Österreich vorhanden ist und die Ziele klar formuliert sind, nämlich die Umgestaltung der westlichen Gesellschaft in ein „Kalifat", dann stellt die Bruderschaft eine Anti-These der modernen westlichen Gesellschaft dar und bildet mit ihrer Ideologie den Referenzrahmen für den islamistischen Extremismus.

Dabei wird eine patriarchale und antidemokratische Weltanschauung, eine rigide Sexualmoral, eine antisemitische und antidemokratische Weltanschauung verbreitet. In Ägypten und einigen anderen arabischen Ländern ist die Muslimbruderschaft als eine Terrororganisation verboten, es wäre aber ein großer analytischer Fehler, die Muslimbruderschaft im selben Atemzug mit jihadistischen Gruppen zu nennen. Aber ihre ideologischen Überlappungen mit salafistischen und jihadistischen Gruppen sind offensichtlich. Ein Verbot solcher radikalen Gruppen wie die Muslimbruderschaft muss auch für Österreich angedacht werden, auch wenn nach Erkenntnissen der Sicherheitsbehörden die Muslimbruderschaft sich bisher keiner strafbaren Handlungen schuldig gemacht hat. Dennoch sprechen Insider bereits von einer Unterwanderung der Gesellschaft durch Islamisten der Muslimbruderschaft[80] und der damit verbundenen Verschärfung der gesellschaftlichen Konfliktfelder. In einer von *Lorenzo Vidino* von der George-Washington-Universität veröffentlichten Studie wird bestätigt, dass das Netzwerk der Muslimbruderschaft in Österreich bereits weit verbreitet ist und bereits starken Einfluss auf die Politik nehmen kann.[81] Das sind Fehler jahrzehntelanger Integrationsarbeit, wobei die Begrifflichkeit Integration hier vollkommen fehl am Platz ist. Mit dem verstärkten Auftreten und der Vernetzung der Muslimbruder in Europa veränderte sich auch die islamische Szene bedeutend. Der Einfluss der Muslimbruderschaft führte zur verstärkten Verbreitung des religiösen Fanatismus, auch die Gewaltbereitschaft und die Radikalität besonders jugendlicher Muslime stieg erkennbar an. Der Muslimbruderschaft ist es über Jahre gelungen, einen Nährboden für die jihadistische Ideologie zu sähen, dessen Saat im Zuge der Erstarkung des „IS" aufging.

2.5. Das Ziel ist ein Kalifat: andere islamistische Strömungen in Österreich

Neben der Muslimbruderschaft verfolgen auch andere islamistische Gruppen das Ziel, ein Kalifat in Österreich zu errichten. Die vielen Gruppierungen und Vereine übernehmen immer wieder Anreize und ideologische Konzepte der Bruderschaft. Eine solche extremistisch-fundamentalistische Gruppierung ist die in den 1953er Jahren von *Taqi ad-Din an-Nabhani* gründete Organisation *Hizb ut-Tahrir* (Partei der Befreiung), die auch in Österreich etliche Mitglieder und Anhänger hat. Mit ihrer Bemühung ein Kalifat zu errichten, ist auch die Verurteilung von Übertretungen religiöser Gesetze gemäß der Scharia eng verbunden. In Deutschland und einigen arabischen Ländern ist die Gruppierung, die ein absolutes Kalifat ohne westliche Einflüsse anstrebt, verboten, in Österreich hingegen nicht, wird aber vom Verfassungsschutz beobachtet. Ihre Lebensordnung entwickeln die Anhänger aus den tradierten islamischen Quellen, wobei die westliche Gesellschaft und ihre Werte vollständig abgelehnt werden. In Dänemark rief die Organisation 2015 anlässlich der Präsidentenwahl dazu auf, die demokratische Wahl zu boykottieren. In einer entsprechenden Pressemitteilung hieß es:

"Wir sind dazu verpflichtet, aktive Teilnehmer in unserer Gesellschaft zu sein, aber dies muss nach den Bedingungen des Islams geschehen, ohne dass wir unsere Prinzipien und Werte in Frage stellen. Demokratie steht im Widerspruch zum Islam und sie ist ein sinkendes Schiff, selbst ihre Anhänger verlieren mehr und mehr das Vertrauen in dieses System und suchen nach einer Alternative. Der Weg, den die Muslime in Dänemark beschreiten müssen, ist der Widerstand gegen die antiislamische Integrationspolitik und die aggressive Außenpolitik, die von allen Regierungen in diesem Land verfolgt wurden. Wir müssen unsere islamische Identität und unsere islamischen Werte schützen und gleichzeitig die Botschaft des Islams in größeren Gesellschaftskreisen um uns her durch Wort und Tat verbreiten. Darüber hinaus haben wir die Pflicht, uns für die weltweite Bestrebung zur Wiedererrichtung des Kalifats einzusetzen, der islamischen Lösung der unendlich vielen Probleme, denen wir Muslime uns überall auf der Welt gegenübersehen."[82].

Das verdeutlicht, dass in der Ideologie islamistischer Gruppen kein Wille zur Integration, zur Akzeptanz der Demokratie und der westlichen Werte vorhanden ist, vielmehr werden der Widerstand, der Kampf und die Islamisierung als ein notwendiges Projekt verstanden. Solche Gruppen forcieren den Kulturkampf, streben eine

Spaltung der Gesellschaft an und sind Ursprung des Hasses und Gewalt auf „Ungläubige". Entstanden ist diese Gruppe wie die Muslimbruderschaft ebenfalls in Ägypten. Der Sprecher der Gruppe, der 1964 in Kairo geborene *Shaker Assem,* suchte nach einer Lösung für die bittere Armut und die herrschende Korruption in seinem Land und fand die Antwort in einem fundamentalistischen Islam. Diese neue Bewegung repräsentiere den wahren Islam, so seine Meinung.[83] *Assem* predigt gegen Juden, spricht Israel das Existenzrecht ab und fordert die Errichtung eines Kalifats in den arabischen Ländern. Noch bis 2011 wurde ihm öffentlich eine Bühne durch Auftritte beim ORF oder öffentlichen Reden bei verschiedenen Veranstaltungen geboten.

Auch die als faschistisch und extremistisch geltenden „Grauen Wölfe" sind in Österreich aktiv, wobei die Konflikte aus der Türkei nach Europa getragen werden. Dabei kommt es immer wieder mitten in Österreich zu nationalistisch-faschistischen Aktionen besonders in Moscheen der türkischen ATIB. Kindern spielen Kriegsszenarien nach, posieren auf Fotos mit dem Wolfsgruß und werden für das faschistische Weltbild rekrutiert.[84] Diese türkisch-nationale Bewegung tritt in Österreich in der Regel eher defensiv auf und ist vor allem mit Konzerten, Festivals und Sportturniere präsent. Hier ist nicht nur der direkte türkische Einfluss spürbar, sondern vor allem im Hinblick auf die Entwicklungen in der Türkei auch eine Radikalisierung der Mitglieder in Österreich erwartbar. Die „Austro-Türken" sind immer wieder mit unterschiedlichen Pro-Erdogan Demonstrationen öffentlich aufgetreten. Die Föderation *„Avusturya Türk Federasyon"* (Österreichisch Türkische Föderation) gilt als Dachverband für den islamistischen Einfluss aus der Türkei. Die „Grauen Wölfe" sind ein Paradebeispiel für den islamischen Faschismus und den gelebten Führerkult, der gerade um Erdogan massive Auswirkungen hat. Die „Grauen Wölfe" verfügen in Österreich über eine breite und gut gefestigte Struktur. In der Öffentlichkeit treten einzelne Mitglieder offen für einen Kampf für den Islam in Österreich auf. Dabei wird laufend der Staat Israel als ein Systemfeind erklärt. Die „Grauen Wölfe" stehen für eine nationalistisch-faschistische Ideologie, die durch ihr Erkennungszeichen, „den Wolfsgruß", die Sympathie und Zugehörigkeit und damit die „offene Ablehnung" der österreichischen Mehrheitsgesellschaft zum Ausdruck bringt.[85]

Eine weitere Gruppierung soll hier noch kurz exemplarisch für islamistische Bewegungen mit Einfluss in Österreich dargestellt werden. Die in den 1960er Jahren von *Necmettin Erbakan* in der Türkei gegründete *Milli-Görüs-Bewegung* (zu Deutsch: Nationale Sicht) wurde zum Sammelbecken unterschiedlicher islamistischer Strömungen und ideologischer Konzepte in Europa. Die Religion gilt hier ebenfalls als absoluter Referenzrahmen. *Erbakan* machte den westlichen Einfluss für die politischen und gesellschaftlichen Probleme in der Türkei verantwortlich; auch ein Grund, warum die ursprüngliche Strömung vor allem anti-säkulär und anti-westlich ausgerichtet war. Nur ein starker Islam könne die Antwort sein, womit die Nähe zur Muslimbruderschaft gegeben ist. Diese politische Bewegung ist bis heute in der Türkei verboten. In Deutschland entstanden mit ihr sympathisierende Gruppen, die ideologisch eng zusammenhingen und letztlich unter dem Namen „*Milli-Görüs*" bekannt wurden. Sie vertreten eine politisch vage Ideologie, die aber nicht mit den demokratischen Rechtsprinzipien vereinbar ist. Die westliche Ordnung soll durch eine an der Scharia orientierte Ordnungsvorstellung ersetzt werden.[86] Vor allem durch die Arbeitsmigration der Türken nach Europa wurde diese Ideologie verbreitet, hier bildeten sich viele

Organisationen nach dem Vorbild des Gründers. Während diese Bewegung in der Türkei kaum Rückhalt in der Bevölkerung hat, erfreuen sich die politisch orientierten Gruppen in Europa wachsender Beliebtheit. Neben der Muslimbruderschaft und ihren immer stärkeren Auftritten in Österreich entwickelte sich die Bewegung der „*Milli Görüs*" zu einer weiteren starken islamistischen Macht im deutschsprachigen Raum.

Die *Milli Görüs* ist keine eigenständige Moschee, sondern kann im deutschsprachigen Raum vor allem als eine Bewegung verstanden werden, die in Österreich in der „Österreichischen Islamischen Föderation" in Wien (AIF) organisiert ist. Die AIF ist sehr eng mit der deutschen Schwesterorganisation „Islamische Gemeinschaft *Milli Görüs*" (IGMG) verbunden. Wie die Muslimbruderschaft strebt auch die *Milli Görüs* eine Islamisierung Europas an. In den drei großen türkischen Vereinen, der türkisch-islamischen Union in Österreich (Atib), der Vereinigung Islamischer Kulturzentren in Österreich (VIKZ) und der Islamischen Föderation in Österreich (*Milli Görüs*) sind insgesamt rund 100.000 bis 150.000 Muslime organisiert.[87] Über solche Vereine wird der Einfluss aus der Türkei in Österreich verstärkt, was zu einer Zunahme der gesellschaftlichen Spannung führt. Die *Milli Görüs* Bewegung vertritt nicht nur einen sehr strengen fundamentalistischen Islam und ist eng mit der türkischen AKP (Partei für Gerechtigkeit und Aufschwung mit Recep T. Erdogan als Vorsitzender) verbunden.[88] Es geht der Bewegung in erster Linie um eine religiöse Erziehung, sie sind daher vor allem erzieherisch tätig und sind bestrebt ihren Einfluss ständig zu erweitern. Damit setzen sie die „Tradition" der Muslimbruderschaft weiter fort, die eine gesellschaftliche Umbildung u.a. durch eine „religiöse Erziehung" in Ägypten erreichen wollte. Solche Bewegungen haben kein Interesse an einer Integration, ihre Bemühungen führen zur Herausbildung islamistisch-extremistischer Parallelgesellschaften. Die deutsche Schwesterorganisation der *Milli Görüs* Bewegung rief zum Spenden für die Finanzierung der Mescidi Aksa Moschee in Wien-Liesing, für das Regionalzentrum Linz und für eine geplante Imam Hatip Schule auf. Damit wird aber gegen das herrschende österreichische Islamgesetz verstoßen, das eine Auslandsfinanzierung von islamischen Vereinen oder Moscheen streng untersagt. Mit der sogenannten *Infak-Kampagne* die es seit einigen Jahren gibt, sollen in Europa Islamschulen finanziell unterstützt werden.[89] Dadurch wird der Machtbereich österreichischer Gruppierungen durch finanzstarke ausländischen Gruppen verstärkt und die Gemeinschaft durch extremistische Werte unterwandert. Die türkische Gruppe „*Milli Görüs*" versucht durch einen sozialen Druck in Vierteln mit hohem Migrantenteil eine Islamisierung voranzutreiben. Dabei sollen vor allem die islamischen Werte vertreten werden. Auf Frauen und Mädchen wird subtiler Druck ausgeübt, sich nach den religiösen Vorstellungen zu kleiden und zu verhalten. Es soll durchaus vorkommen, dass junge Mädchen die Schule nur bis zu ihrem 18ten Lebensjahr absolvieren, um dann zu heiraten. Auch sollen einige dieser Hochzeiten von den Eltern arrangiert, teilweise wurden die jungen Mädchen auch ins Ausland verheiratet. Der Einfluss solcher Gruppen gefährdet das friedliche Zusammenleben und drängt die Muslime in ein Korsett vorgefertigter Antworten und Verhaltensweisen.

Alle diese islamistischen Gruppen distanzieren sich von Terror und predigen auch selten offen Gewalt, dennoch lehren sie die faschistische Grundlehre des Jihadismus. Gewalt wird generell nur als Verteidigungsmaßnahme verstanden, wobei der Grad der Verteidigung und die Begründungen sehr diffus gehalten sind und treten einzelne Mitglieder offen für Gewalt ein. Islamistische Gruppen verbreiten die Grundlage des Hasses und der Gewalt, lehnen Integration offen ab und versuchen ein Kalifat in Österreich zu errichten. Das Kalifat soll vor allem durch intellektuelle Mittel erreicht werden, wobei aber terroristischen Aktionen gegenüber Israel und bewaffnete Revolutionen gegen Regime in den arabischen Ländern als gerechtfertigter Widerstand betrachtet werden. Wie groß ist da der Unterschied noch zwischen dem legitimen und bewaffneten Widerstand in einem zumindest nominellen islamischen Land und in einem ungläubigen und von Kuffar regierten Gesellschaftssystem wie Österreich? Bei einigen muslimischen Demonstrationen gab es immer wieder Sympathiebekundungen für die Hamas, begleitet von judenfeindlichen Parolen.[90] Europaweit kam es in der jüngsten Vergangenheit immer wieder zu Demonstrationen gegen Demokratie und westliche Werte und für ein Kalifat. Dabei spielt die Terrorgruppe „IS" eine große Rolle bei der Konstruktion des Narrativen eines globalen islamischen Kalifats und der mythischen Vorstellung der Vereinigung aller Muslime in der globalen umma. Durch solche „Provokationen" in der Instrumentalisierung des Rechts auf Meinungsfreiheit und des Rechts auf Demonstration, in denen eine Botschaft der Demontage des Staates verbreitet wird, wird der Rechtsstaat herausgefordert. Es sind die totalitären Strukturen, die Nähe der Ideologie zu Gewalt und zum Jihad, die sich ebenfalls in Österreich durch Aktivitäten islamischer Gruppen verbreiten. Moscheen können hier zur Drehscheibe des Islamismus werden, in denen sich Jugendliche schnell radikalisieren können.

2.6. IGGiÖ – Islamische Glaubensgemeinschaft in Österreich

Die islamische Glaubensgemeinschaft in Österreich entstand in den 1980er Jahren und ist direkter Nachfolger des „Moslemischen

Sozialdienstes" aus Wien. Die IGGiÖ verstand sich von Anfang an als Sprachrohr für die anfangs ungefähr 20.000 Muslime in Österreich. Die islamische Community war anfangs noch kaum strukturell organisiert. Allerdings ist IGGiÖ keine Religionsgemeinschaft, sondern stellt lediglich einen Dachverband dar, der einige ausgewählte muslimische Vereine nach außen vertritt. In ihr sind u.a. vertreten: die ATIB, die türkische Milli Görüs, die Muslimbruderschaft, die Hamas, die türkischen Grauen Wölfe, Hizb ut Tahrir, die Muslimische Jugend, der türkische Wirtschaftsverband Müsiad, u.a..[91] Viele dieser Vereine stehen, wie oben exemplarisch dargestellt, nicht dem österreichischen Volk nahe und haben auch nicht unbedingt eine Loyalität gegenüber dem Staat, vielmehr sind sie bestrebt, den islamistischen Einfluss in Österreich ständig zu erweitern. In einem der „Kleinen Zeitung" gegebenen Interview gab der damalige Vorsitzende der IGGiÖ *Ali Kurtgöz* zu, dass die Muslimbruderschaft ein reguläres Mitglied sei.[92] Damit bestätigt er die Ansicht, dass zumindest in Teilbereichen der IGGiÖ ein extremistisches Gedankengut verbreitet wird. Nach dem Vorwurf der „Initiative Liberaler Muslime Österreich" (ILMÖ) ist die IGGiÖ nicht nur für eine extremistisch-fundamentalistische Islamauslegung verantwortlich, sondern ist auch so organisiert, dass der türkische und saudische Einfluss in Österreich gestärkt wird.[93] Sollte sich dies bewahrheiten, müsste die IGGiÖ nach dem neuen Islamgesetz verboten werden. Dort wird ausdrücklich formuliert, dass ein ausländischer Einfluss und Finanziers nicht legitim sind. Diese „Unterwanderung" würde das österreichische gesellschaftliche System langfristig verändern.

Eine kurze Analyse der Wahl 2016 scheint den Vorwurf der ILMÖ zu bestätigen, denn die „Uneinigkeit" der ethnischen und nationalen Strömungen in der IGGiÖ brach deutlich hervor. Die türkischen und arabischstämmigen Fraktionen stellten nicht nur die

Mehrheit, sondern waren auch weitgehend tonangebend. Erst in der jüngeren Geschichte entwickelte die bosnische Community in der österreichischen Glaubensgemeinschaft eine stärkere Präsenz. Die Wahl wurde von unterschiedlichen Gruppen angefochten, so schrieb die Arabische Kultusgemeinde als Begründung ihrer Anfechtung: *"Die Islamische Glaubensgemeinschaft in Österreich ist mehr denn je entfernt von einem in Österreich beheimateten Islam und einer ethnisch-pluralen Vertretung."*[94] und bestätigt damit den Verdacht, dass in der IGGiÖ ein bestimmtes Islamverständnis dominierend ist. Die türkische Dominanz in der „Glaubensgemeinschaft" und der „Trend" zur Trennung nach ethnischer Zugehörigkeit verhindere einen Prozess der „Europäisierung" des Islams in Österreich. Von einem Islam europäischer Prägung und der Implementierung wichtiger westlicher Werte und Konzepte entferne man sich weiter. Die Probleme, Missstände und Korruptionsvorwürfe rund um die IGGiÖ waren bereits 2011 ein Thema und wurden in einer parlamentarischen Anfrage konkretisiert. Dort hieß es u.a.:

> *„Die Zustände rund um die Islamische Glaubensgemeinschaft in Österreich (IGGiÖ) sind seit Jahren bekannt. Fehlende Mitgliederverzeichnisse, fehlende Transparenz bei den Finanzen, dubiose Verbindungen zur Hamas und weiteren vom Verfassungsschutz beobachteten Personen, eine zweifelhafte rechtliche Grundlage, etc. Vor kurzem wurden Wahlen abgehalten, die anscheinend auch wenig transparent waren."*[95]

Die Antwort aus dem Bundesministerium für Unterricht, Kunst und Kultur stellte lediglich fest, dass keine groben Mängel bezüglich der Wahl erkennbar seien und dass mögliche Eingriffe gegebenenfalls verfassungs- und grundrechtswidrig wären.[96] Durch diese politische Stellung bestätigt Österreich, dass eine Kontrolle und gegebenenfalls staatliche Sanktionen nicht wünschenswert sind. Damit können sich sozial gefährliche Tendenzen in solchen Vereinigungen weitgehend unkontrolliert ausbreiten. Eine nennenswerte Reform scheint es innerhalb der IGGiÖ seitdem nicht gegeben zu haben, denn die Vorwürfe reißen nicht ab.

Problemtisch hierbei ist vor allem der gesellschaftliche Einfluss der Vereinigung. Die „Islamische Glaubensgemeinschaft in Österreich" sorgt auch für die Ausbildung der islamischen Religionslehrer in Österreich, nebenbei kümmert sie sich auch um die Seelsorger von muslimischen Inhaftierten, organisiert islamische Bestattungen und den Seelsorgedienst in den Heilanstalten. Gerade in dem Zusammenhang der Seelsorge in den Haftanstalten, die immer stärker zu Radikalisierungssorten werden, fiel die IGGiÖ negativ auf. Vertreter sorgten dafür, dass muslimische Inhaftierte mit salafistischer Literatur in den Gefängnissen versorgt werden.[97] Radikale extremistische Literatur taucht immer wieder als Grundlage der Bildungs- und Erziehungspolitik der IGGiÖ auf, bereits seit 2009 und rund zwei Jahre später machte die Glaubensgemeinschaft Schlagzeilen, nachdem bekannt wurde, dass für den islamischen Unterricht an Volksschulen ein radikales Buch die Grundlage bildete. Der Verfasser *Nebi Uysal* stellt in dem Werk „Islam in meinem Leben" dar, dass: *"Ein Muslim, der auf dem Weg Allahs und zur Verteidigung der Heimat stirbt, (ist) ein Märtyrer (Sahid) ist. Er wird von Allah mit dem Paradies belohnt, wie Allah es im Qur'an versprochen hat."*[98] Eine solche Grundlage ist Nährboden für eine neue Generation von radikalen Extremisten. Dass die IGGiÖ dem Islamismus generell nahesteht, lässt sich auch an der Haltung zur Verschleierung von Frauen erkennen. Ein internes Fatwa schreibt vor, dass Mädchen spätestens ab der Pubertät sich zu verschleiern haben.[99] Unter ihrem Mufti *Mustafa Mullaoglu* wurde der Beschluss gefasst, dass Muslime beides Geschlechts religiöse Kleider tragen müssen, es stelle eine religiöse Pflicht (fard) da. Diese Ansicht ist theologisch kaum begründbar, an keiner Stelle des Korans wird das Kopftuch, die Burka, ein Niqab, etc. erwähnt. Generell wird argumentiert, dass Frauen ihre sexuellen Reize durch Tragen entsprechender Gewänder zurückhalten sollen, damit die „Ehre" der Frau und damit der Familie bewahrt werden kann. Die Begründung der „Verschleierung" von Frauen ist, wird sie unreflektiert auf Mädchen übertragen, sehr bedenklich. Wird eine „religiöse Verschleierung" für kleine Mädchen gefordert, werden diese unfreiwillig „sexualisiert". Dann werden jungen Mädchen bereits „sexuelle Reize" unterstellt, die es zu bedecken gilt. Die IGGiÖ verteidigt sich gegen berechtigte Kritik und Einwände vor allem damit, dass es sich bei dem religiösen Fatwa um ein Rechtsgutachten innerhalb der religiösen Gemeinschaft handelt, deren Wirkung nur auf die Mitglieder begrenzt sei, daher sind staatliche Eingriffe verfassungswidrig. Zwar zwinge der IGGiÖ niemanden ein Kopftuch zu tragen, aber bereits durch die Feststellung, dass eine Verschleierung eine religiöse Verpflichtung sei, wird ein subtiler Druck auf die Mitglieder ausgeübt. Bedeutet doch der Umkehrschluss, dass Muslima ohne entsprechende religiöse Verschleierung sich gegen ein religiöses Gebot verstoßen und keine „wahren" Muslime im strengen Sinne sein können. Mit der fragwürdigen Einstellung der IGGiÖ setzt diese eine „normative" Vorschrift für Muslima. Letztlich geht es um die Provokation der Macht, um einen Prozess der De-Integration und um bewusste Abspaltung. Solche fundamentalistischen Einstellungen können dazu führen, dass vor allem weibliche Muslime aus der Mehrheitsgesellschaft ausgegrenzt werden, weil ihre Verschleierung nicht mit geltenden Gesetzen vereinbar ist.

2.7. Die Da`wah als Instrument der Umgestaltung

In einem islamistischen Verständnis wird die Verbreitung des Islams und die Bekehrung Ungläubiger bereits durch den Koran gefordert und zu einer Verpflichtung aller Muslime: „*Rufe zum Weg deines Herrn mit Weisheit und schöner Ermahnung, und streite mit ihnen in bester Weise. Gewiß, dein Herr kennt sehr wohl, wer von Seinem Weg abirrt, und Er kennt sehr wohl die Rechtgeleiteten.*".[100] Alle islamistischen Gruppen in Österreich setzen auf eine „vorgeschriebene" Missionierungsarbeit zur Gewinnung neuer Mitglieder und zur Verbreitung ihrer Ideologie. Da`wah bedeutet so viel wie „Ruf" oder „Einladung" zum Islam. Das „Endziel" dieser Bewegung stellt die Umwandlung der westlichen Gesellschaften in einen „Islamischen Staat" dar. Die Da`wah-Arbeit stellt eine legale Möglichkeit dar, die Ideologie des Islamismus in Europa zu verbreiten. Durch die aktive Beteilgung der Jugendlichen an der Da`wah-Arbeit gelingt es ihnen, aus der „Opferrolle" heraustreten und Teil einer gesellschaftlichen Bewegung zu sein. Wenn sie dann noch von der Richtigkeit und Sinnhaftigkeit ihres Tuns überzeugt sind, dann wird es nicht nur schwer, ihnen die Gefährlichkeit ihrer Tätigkeit klarzumachen, denn sie werden sie in diesem Moment zum „Starken" und sind nicht mehr die schwachen Opfer.[101]

In den sozialen Medien kursieren etliche „Berichte" und „Videos" von „Live- Konversionen" zum Islam. Auf dem Video-Kanal von *Pierre Vogel* berichtet „Lukas", wie er zum Islam konvertierte. Das Christentum überzeugte ihn nicht, er stellte kritische Fragen und fand innere logischen Widersprüche im Glauben. Durch die viele Berichten über den islamischen Terrorismus setzte er sich mit dem Koran auseinander. Den Koran bestellte er bei der „LIES!-Kampagne", einem ehemaligen Rekrutierungsnetzwerk der Islamisten. Das Interview, von der „We love Muhammed" Organisation, offenbart keinen theologischen Tiefgang von Lukas, zeigt aber die gefährliche Strategie der Überzeugungsarbeit der Islamisten. Der Islam und alles was islamisch ist, ist gut, alles andere gefährlich und böse.[102] Die

Annahme des Islams wird wie in einer Massenrekrutierung vorgenommen. In einem weiteren Video nimmt zuerst eine Frau den Islam an, nur kurze Zeit später fragt *Pierre Vogel* locker und lässig in die Runde, ob noch jemand mal eben so zum Islam wechseln möchte.[103] Mit diesen symbolhaften „Bildern" arbeiteten die Islamisten und versuchen ein Bild der massenhaften Annahme von Islam zu verbreiten. Auch „Bekehrungen" zum Islam mit anschließender geschenkter Reise nach Mekka[104] sind Teil einer ausgeklügelten „Marketing" der islamistischen Bewegungen.

Oberflächig betrachtet sind solche Aktivitäten eine harmlose Missionierungsarbeit mit dem Ziel, Nicht-Muslime für die Religion zu begeistern. Die Verbreitung des Islams ist in den meisten europäischen Ländern durch das Prinzip der Religionsfreiheit gedeckt, welche auch die Ausübung der religiösen Praxis weitgehend garantiert. Allerdings soll durch die unterschiedlichen Aktivitäten der Islamisten letztlich ein auf der Scharia basierendes Gesellschaftsmodell verbreitet werden. Ein weiterer Effekt neben der Gewinnung neuer Mitglieder ist die Verbreitung radikaler Ansichten unter den Muslimen in der islamischen Diaspora. Bei den Da`wah-Aktivitäten handelt es sich um die Kultivierung einer neuen islamistischen Ideologie unter den Muslimen in Europa. Da`wah-Gruppen argumentieren in der Regel damit, dass diese „Anstrengung" nicht nur eine religiöse Pflicht sei, sondern auch nach dem christlichen Missionierungsprinzip abläuft. Dabei wird suggeriert, dass die Da`wah und die christliche Missionsarbeit weitgehend homogen sind und dass das Endziel ähnlich zu sein scheint. Während die christliche Mission darauf abzielt, neue Gläubige zu finden und das herrschende politische System grundsätzlich nicht infrage stellt, greifen die Da`wah-Gruppen eben westliche Gesellschaftsmodelle offen an. Dadurch sollen letztlich die gesellschaftspolitischen Institutionen aufgelöst und durch Schariabasierte ersetzt werden. Die Da`wah-Gruppierungen bewegen getarnt unter dem religiösen Mantel und geschützt von einer Religionsfreiheit in einem politischen Rahmen, sie verbreiten ein Gegenmodell zum westlichen Lebenskonzept und das in totalitärer Hinsicht. Ein Bericht[105] der niederländischen Regierung aus dem Jahr 2004 unterstreicht das gefährliche Potential dieser Aktivitäten. In dieser Untersuchung wird der Schluss gezogen, dass Da`wah-Aktivitäten immer wieder in Verbindung mit der Terrorideologie des Jihadismus zu beobachten sind und dass die Verflechtungen extremistischer Gruppen dadurch verstärkt werden. Diese Entwicklung stellt eine direkte Bedrohung für die westliche Gesellschaft dar.

Durch die Da`wah soll die „umma" aufgebaut werden, um diese gegen westliche und ungläubige Einflüsse abzuschirmen. Die „umma" stellt nach der Vorstellung der Islamisten eine weltweite religiöse einheitliche Gemeinschaft dar. Diese ist das gesellschaftliche Gegenmodell zur westlichen Gesellschaft und letztlich die gesellschaftliche breite Basis des Kalifats. Für die utopische Figur eines globalen Kalifats wird demnach eine geeinigte islamische Gemeinschaft benötigt. Diese diffuse Vorstellung eines eigenen Staatsgebiets konnte kurzfristig vom „IS" realisiert werden. Aus der Vorstellung und dem Wunsch nach einem Kalifat, in dem die islamischen Gesetze gelten, ist der reale „Kampf" geworden. Es ist das dichotome Weltbild zwischen Gläubigen und Ungläubigen, das hier verbreitet wird. Bereits den Kindern wird eingeredet, dass Ungläubige weniger wert sind und dass sich Muslime in einem ständigen Existenzkampf befinden. Einzige Möglichkeit für sie ist der Rückzug aus der Gesellschaft und die Errichtung eines Kalifats. Damit wird die Entwicklungen von Parallelgesellschaften gefördert, und der islamische Faschismus breitet sich aus. Der Einfluss der muslimischen Länder auf die hier in Europa lebenden Muslime ist sehr stark. Durch Propaganda in den sozialen Netzwerken, weniger durch das Fernsehen, werden vor allem die Jugendlichen erreicht. Es gibt auch finanzielle Zuwendungen, besonders aus Katar oder Saudi-Arabien. Besonders der populäre Einfluss von „Starpredigern", welche immer wieder auf „Tournee" in Europa gehen, hat enormen Einfluss auf die Muslime in Europa. Es handelt sich hierbei um gezielte Missionierung.[106]

2.7.1. Das Phänomen der Da`wah-Aktivitäten in Österreich

Auch in Österreich treten immer wieder Gruppen aktiv in der Öffentlichkeit auf und versuchen ein islamistisches Weltbild zu verbreiten. Die Aktivitäten solcher Gruppen beschränken sich nicht nur auf Online-Aktivitäten, sie treten auch in Moscheen auf, missionieren vor Schulen und errichten Informationsstände in Einkaufspassagen. Am bekanntesten ist sicher die LIES!-Kampagne, die auch in Österreich aktiv war. Mittlerweile haben die Verantwortlichen aber ihre Aktivitäten weitgehend eingestellt. Die LIES!-Kampagne wurde in Deutschland rund um die mittlerweile verbotene Organisation „Die Wahre Religion" von *Abou Nagie* initiiert. Die österreichische namensgleiche Schwesterorganisation, die nicht direkt mit der deutschen Organisation zusammenhängen soll[107], hat sich seit Mitte 2016 allmählich von ihrer Missionierungsarbeit zurückgezogen. Grund schien dabei der zunehmende Druck der Bevölkerung auf diese Gruppe gewesen zu sein. Aber beinahe zeitgleich entstanden neue Bewegungen, vor allem die Gruppe „Iman" trat besonders in Erscheinung. *Abou Nagie* setzte sich zum persönlichen Ziel, jeden Haushalt in Deutschland mit mindestens einem Koranexemplar zu versorgen.[108] Diese Vorstellung wurde von den Da`wah-Gruppen in Österreich übernommen. In diesem Versuch *Abou Nagies* sind viele islamistische Gruppen in Europa unterschiedlich stark mit eingebunden. Bekannte Salafisten wie *Pierre Vogel* unterstützen diese Aktionen zur Verbreitung des Korans. „*Wir machen, was Allah uns befohlen hat.*", sagte der österreichische Jihadist Mohammed M. aus[109] und unterstreicht damit die religiöse Legitimation islamistischer Aktivitäten. Die Verbreitung des Korans als heilige Schrift an einen interessierten Leserkreis ist durch das Religions- und Toleranzgebot Österreichs gesichert. Auch strafrechtlich gibt es weitgehend keine Handhabung.

Die Da`wah-Gruppen sind Anhänger eines ultra-fundamentalistischen Islams, der Nährboden für die Jihad-Ideologie ist. In Deutschland wurde die Gruppe „Die wahre Religion" mit dem berechtigten Hinweis auf ihre antidemokratische Einstellung verboten, für ein Verbot in Österreich reichte es trotz intensiver Beobachtung aber nicht aus. Zumindest einige aus Syrien zurückgekehrte Austro-Jihadisten waren in die Kampagne involviert.[110] In Österreich ist eine Gruppe mit dem Namen „Die wahre Religion" weiterhin aktiv, wie ein Nachschau bei Facebook belegt.[111] Die LIES!-Kampagen „der Wahren Religion", zeitweise auch von der missionierenden Kampagne „We love Muhammed" abgelöst, wurde von einer neuen vernetzten salafistisch-missionierenden Gruppierung abgelöst. Beide Gruppen sind aktuell noch aktiv. Die neue Gruppe mit dem Namen „IMAN" soll an dieser Stelle stellvertrend für andere salafistisch-missionierende Gruppen vorgestellt werden. Auf ihrer Homepage[112] lässt diese Gruppe tief in ihre Ziele und Argumentationsmuster blicken. Auch betreibt diese Gruppe einen eigenen „Youtube-Kanal"[113] und ist auf anderen sozialen Plattformen aktiv. Dabei will diese „Gemeinschaft von Muslimen Aufklärungsarbeit leisten" und stützt sich in ihrer Legitimation vor allem auf bestimmte Suren des Islams. Wörtlich heißt es auf ihrer Homepage: „*Wir sind davon überzeugt, dass der Islam die einzige Religion ist, die sowohl Rationalität, Wissen-*

schaftlichkeit, als auch Religiosität vereinen kann. Wir sind auch davon überzeugt, dass der Islam die einzige Religion ist, die bei Allah (Gott) angenommen wird und somit auch frei von jeglichen Widersprüchen ist.[114].

Nach ihrer Vorstellung führen sie die Tradition des Islams fort und wollen die in Österreich „unterdrückten" und „diskriminierten" Muslime aus ihrer misslichen Lage durch einen rationalen Dialog führen. Auch hier verdeutlicht sich erneut die Ideologie der Befreiung nach *Sayyid Qub*t und *Hassan Al-Banna*, die eine radikal-extremistische jihadistische Bewegung auslöste. Die rund 20-köpfige Gruppe IMAN wird vorrangig von *Sertaç Odabas* und *Amir El-Shamy* geführt. Letzterer war zeitweise bei der SPÖ in Wien/ Floridsdorf aktiv, aus der er aber aufgrund seiner islamistischen Mission bei IMAN entlassen wurde.[115] *El-Shamy* wandte sich bereits früh der radikalen islamischen Weltanschauung zu. Eine Pressemeldung vom 15.10.2015 der „Initiative Liberaler Muslime Österreich" (ILMÖ) unter *Almer Albayti* legte offen, dass *Amir El-Shamy* „hasserfüllte und hetzende Aussagen gegen Alewiten und die Missachtung des Islamgesetzes" in den Sozialen Medien veröffentlichte. So twitterte *Amir El-Shamy* am 28.08.2014: „*Alewiten sind keine Muslime*".[116] Dieser Vorwurf ist gleichzusetzen mit dem Vorwurf der Apostasie, des Abfalls vom Glauben, auf dem in einigen Ländern die Todesstrafe steht. Die „Alevitische Glaubensgemeinschaft in Österreich" (ALEVI) ist eine anerkannte Religionsgemeinschaft, der Vorwurf der „Apostasie" kann im islamistischen Gedankengut als ausreichender Grund für Abwertung und Angriffe gewertet werden. In der Zuspitzung findet diese argumentative Form der „Abwertung der Gläubigen" in dem Prinzip des „Takfir", eine jihadistische Rechtfertigung der Tötung von Menschen. Damit verlieren die Muslime ihre Rechte und können in dem Verständnis radikaler Extremisten getötet werden. Das Erklären von anderen islamischen Personengruppen als „ungläubige Muslime" drückt eine ideologische Geisteshaltung aus und ist damit nicht dialogfähig.

Dem Gedankengut der islamistischen Da´wah-Bewegung liegt ein überlieferter Hadith zugrunde: „*Der Islam begann als etwas Fremdes und er wird als etwas Fremdes zurückkehren. Tuba (frohe Botschaft) für die Fremden.*"[17] In weiterer Gesprächen soll Mohammed dargestellt haben, dass das Paradies nur für diese „Fremden" bestimmt sei, während den „Anderen" letztlich die Hölle droht. Hier wird verdeutlicht, dass die Urkraft des Islams in der Anfangsphase seine Wirkung aus der Einzigartigkeit und der Notwendigkeit der Reaktion auf Angriffe von außen entwickelt habe. Der Islam musste daher aus einer „Nischenposition" sich gegen andere Weltanschauungen und religiöse Konzepte behaupten und konnte sich letztlich auch mit der Anwendung massiver Gewalt gegen „Ungläubige" durchsetzen. Aus den einst „Fremden" sind Muslime geworden, während Nicht-Muslime „Fremde" geworden sind. Mit der Zeit und der Verbreitung des Islams fielen aber immer mehr Gläubige von den wahren, frommen Lehren ab, der Islam wurde erneut zu etwas „Fremden". Aus diesem Verständnis heraus versuchen Islamisten eine notwendige Reinigung des Islams zu erreichen, sie begreifen sich als die „neuen Fremden" (*al-Gharīb*) in einer „gottlosen" Gesellschaft. Daraus schöpft die Bewegung ihre Kraft. So wie Mohammed als „Fremder" eine neue Weltanschauung und Religion verbreitete, streben Islamisten eine notwendige Reinigung von anti-islamischen Elementen im Islam als einen notwendigen „Kampf" an, um zur wahren, reinen Religion zurückzukehren. Im Verständnis der Islamisten ist der Islam etwas „Fremdes" in Europa und muss daher verbreitet werden, sodass letztlich andere religiöse Weltanschauungen zum „Fremden" werden und der „Islam" zur dominierenden Religion wird. Die Annahme des Zusatzes „*al-Gharīb*" in der Namensgebung der Jihadisten stellt im extremistischen Gedankengut die radikale Vorstellung eines notwendigen Kampfes gegen die gottlose Gesellschaft dar und markiert den bewussten Entschluss der „Erneuerungsbestrebungen". In der islamistischen Argumentation ist das „Fremdsein" ein emotionaler Zustand und eine weitverbreitete Denkfigur. Generell lassen sich zwei Reaktionsmuster der Islamisten ausmachen, einmal ein asketischer Weg der Erduldung des Schicksals mit der Hoffnung auf Erlösung und andererseits ein „Befreiungskampf" radikaler Gruppen. Besonders aus letzterem Grund geben sich etliche Jihadisten in ihrem Kampfnamen gerne den Zusatz „*al-Gharīb*", unter den bekanntesten österreichischen Jihadisten mit einem solchen Zusatz ist *Mohammed M.* zu finden. Er trat auch gerne unter dem Kampfnamen „*Abu Usama al-Gharīb*" auf.

Die Da`wah-Aktivitäten extremistischer Gruppen zielen letztlich darauf ab, in Europa ein Kalifat errichten zu wollen. *Jussuf Kardawis*, ein wegweisender Prediger der Muslimbruderschaft, schwärmt von der erneuten Eroberung und der Beherrschung Europas durch den Islam. Diese Eroberung soll nicht durch das Schwert, sondern durch die Da`wah geschehen, eine gewaltsame Unterwanderung europäischer Strukturen.[118] Solange solche Aktivitäten in Österreich zugelassen werden, bedroht die Verbreitung der islamistischen Ideologie die Stabilität und Sicherheit der Gesellschaft. Neben diesen strukturellen Merkmalen und der „Einfachheit" der Weltanschauung und ihrem Unvermögen, alternative und konkurrierende Meinungen zu akzeptieren, bietet die Bewegung auch eine Ersatzfamilie an und kompensiert so oftmals die verlorene Familie in der Postmoderne. Die „verlorene Generation" kompensiert ihre zerbrechliche Identität in der Schnelllebigkeit der Werte vor allem durch Konsum und Sex. Die traditionellen Werte der Großfamilie, archaische Sippengesetze usw. verlieren sich in einer glitzernden und verführerischen

Modernen. Die „verlorenen" Jugendlichen zwischen Alkohol, Drogen, Sex, Konsum, Gewalt und Sinnlosigkeit finden im Islamismus eine moralische Alternative. Geschickt und zielsicher betreiben islamistische Gruppen durch gezielte Aktivitäten mit Kindern und Heranwachsenden eine „Kinder- und Jugendarbeit". Das neue Leben der einst verlorenen Generation der Jugendlichen wird mit einem Ziel ausgestattet und mit festen Verhaltens- und Kleiderregeln gefestigt. Homosexualität gilt als Schande, Geschlechtsverkehr vor der Ehe wird zur Unzucht und die vermeintliche Abwertung der Frau durch die Verweigerung des Mannes, ihr die Hand zu reichen, wird zur „Huldigung" der Frau. Die Da`wah-Aktivitäten verbreiten diese Weltanschauung unter den Jugendlichen als „radikale Ablehnung" westlicher Werte. Die Jugendlichen motivieren sich gegenseitig, bis sie das Gefühl entwickeln, dass sie die ganze Welt „verändern" müssen. Es steht ja auch so in einem Hadith: *„Gott hat uns den Sieg versprochen!"*[119] Aus dieser „Überheblichkeit" entsteht auch die gefährliche Ideologie der totalen Eroberungsfantasie fanatischer Islamisten.

Kapitel III – Jihadistischer Terrorismus in Österreich

3.1. Terroristisches Szenarium in Österreich

Durch die Gruppe „Stimme des Kalifats" wurden bereits 2007 die ersten konkreten Terrordrohungen gegen Österreich ausgesprochen. Das Video wurde von der „Globalen Islamischen Medienfront" (GIMF) verbreitet und spielte vor allem auf die österreichische Beteiligung in Afghanistan ab. In dem Video sind Szenen des Terroranschlages von New York zu sehen sowie einige Politiker Österreichs. Auch wenn damals von keiner konkreten Gefahr ausgegangen wurde[120], zeigt es dennoch, dass auch Österreich in das Fadenkreuz des internationalen Terrorismus gerückt ist. Spätestens seit sich österreichische Mitglieder beim „IS" befinden, ist auch Österreich endgültig zur Zielscheibe des Terrorismus geworden. Durch den Aufruf zum individuellen Terror in europäischen Ländern und die vertretenen salafistisch-jihadistischen Netzwerke in Österreich, muss mit Terroranschlägen gerechnet werden.

Terroranschläge werden in den seltensten Fällen von Einzelpersonen geplant, organisiert und durchgeführt. Vielmehr bedürfen komplexe Terroranschläge auch intensiver Planungsarbeiten. Oben habe ich angeführt, dass der moderne Terrorismus seine Komplexität aber aufgibt und zu einem Individual- und Selfmade-Terrorismus übergegangen ist. Diese Form des Terrors ist neu und kaum noch berechenbar. Durch Vernetzung über Soziale Medien kann eine Radikalisierung auch ohne physischen Kontakt geschehen. Der Treueschwur „Bay`ah" der Sympathisanten an den „IS" legitimiert den Kalifen und dessen Ideologie als politischen und religiösen Führer und lehnt damit auch gleichzeitig die staatlichen Strukturen in Europa ab. Ein solcher Schwur ist die bewusste und endgültige Lossagung von bisherigen Lebenskonzepten und ein offenes Bekenntnis zur radikalen Weltanschauung. Derzeit kann vor allem von einem Zustand der abstrakten Terrorgefahr gesprochen werden, nur vereinzelt musste diese Gefahrenlage, wie bei dem geplanten Anschlag in Wien[121], hinaufgesetzt und konkretisiert werden. Aber auch ein mutmaßlicher verhinderter Terroranschlag in Graz[122] führt vor Augen, dass die islamistisch-jihadistische Szene auch in Österreich präsent ist. Ein bosnischer Islamist plante eine „Amokfahrt" über den Grazer Weihnachtsmarkt, ganz nach dem Vorbild der Terroranschläge in Berlin oder Nizza. Mit einem PKW wollte er so viele „Ungläubige" wie möglich töten. Dabei soll er sich in der „Taqwa-Moschee" in Graz, die von den Sicherheitsbehörden bereits geschlossen wurde, radikalisiert haben. Der islamistische Verein soll Verbindungen zum „IS" gehabt und Sympathisanten rekrutiert haben. Bei solchen „Lone-Wolves"-Tätern werden oftmals radikale Schriften, brutale Gewaltvideos und „Dokumentationen" über unterdrückte Muslime von extremistischen und terroristischen Gruppen gefunden. Das „Narrativ" der Unterdrückung führt dazu, dass Gewalt und Terror als legitimes Befreiungsmittel verstanden werden, das Töten von „Ungläubigen" wird zur fanatischen Vision der „Säuberung" der Welt. Neben Radikalisierungsprozessen in Österreich gibt es auch noch die große Gefahr von „Rückkehren" und Jihadisten aus dem Ausland. Der „IS" hat immer wieder versucht, Jihadisten nach Europa zu schleusen, dies bestätigt auch ein „ehemaliges" Mitglied der Terrorgruppe und verdeutlicht das Bild der mobilen Jihadisten.

Nach Aussage *Harry Sarfos,* eines ehemaligen deutschen Mitglieds des „IS", der mit den deutschen Behörden kooperiert, sollen bereits einige IS-Terroristen in Österreich „Stellung" bezogen haben.[123] Diese Rückkehrer leben „vollkommen integriert" und sollen sich auf Anschläge vorbereiten. Bei der Einschleusung potentieller Terroristen nach Europa kommt dem Islamisten das Prinzip „*Taqiyya*" (Islamische Taktik der List) zu gute. Diese Strategie ermöglicht den Islamisten, ihre wahren Absichten zu verbergen. Sinngemäß wird bei dem „*Taqiyya*" von „Wortspielen" als einer rhetorischen Taktik zur Umschreibung von Sachverhalten gesprochen. Dieses Prinzip ist Teil der tradierten Quellen, so heißt es im Koran: *Und sie* (Die Ungläubigen, Anmerkung M.H.) *schmiedeten Ränke, und (auch) Allah schmiedete Ränke; und Allah ist der beste Ränkeschmied.*[124], womit gemeint ist, dass Allah bessere Pläne als die „Feinde" ausarbeitet. In fast allen

Religionen wird Gott zu einer Vorbildfunktion moralischen Verhaltens der Gläubigen. Wenn nun Allah als die „listigste" Figur verstanden wird, der immer wieder die Feinde täuscht und hintergeht, nur um seine wahren Absichten zu verschleiern, dann werden seine Anhänger eben dieses Prinzip auch anwenden. Im Krieg sind alle Mittel „erlaubt", auch die List und die Tarnung von politisch-ideologischen Absichten. Da sich Islamisten in einem ständigen „Krieg" mit den Ungläubigen wähnen, ist die Anwendung der „Täuschung" ein legitimes Instrument. Die Kunst der „*Taqiyya*" wird in diesem Konzept zu einer Strategie des „Überlebens" und zu einer Pflicht, wenn nicht die höheren Ziele zu früh offensichtlich werden sollen. Zur Rechtfertigung des Prinzips werden unterschiedliche Suren und vor allem Hadithe herangezogen. So heißt es im Koran: *„Die Gläubigen sollen nicht die Ungläubigen anstatt der Gläubigen zu Schutzherren nehmen. Wer das tut, hat überhaupt nichts mit Allah (gemeinsam), es sei denn, daß ihr euch (durch dieses Verhalten) vor ihnen wirklich schützt. […]*[125] Mit diesem Prinzip rechtfertigen Islamisten ihr Verhalten, sie verheimlichen ihre wahren Absichten, um sich zu schützen. Das erklärt auch, warum Islamisten und Jihadisten scheinbar als Mitglieder der Gesellschaft einen Kampf gegen diese führen und Terroranschläge vorbereiten. Solche Personen waren schon lange nicht mehr Teil dieser Gesellschaft, sondern waren Teil der Anti-These der modernen Gesellschaft, haben aber ihre Absichten nach außen verbergen können.

Harry Sarfo hat während seiner Zeit beim „IS" tiefe Einblicke in die Strategie erhalten, er soll dabei Teil der Organisation „Emni" des „IS" gewesen sein. Hier wurden internationalen Terroranschläge geplant und organisiert. Auch der Anschlag von Paris soll hier ausgearbeitet worden sein. Als zentrale Führerfigur der „Emni" gilt *Abu Muhammad al-Adnani* und auch *Abdelhamid Abaaoud*, Kopf der Terrorzelle von Brüssel und Paris, soll bei der „Emni" Mitglied gewesen sein. Seit 2015 sollen vermehrt durch den „IS" gezielt Terroristen nach Europa gebracht worden sein, die den Jihad nach Europa bringen sollen. In einem der New York Times[126] gegebenen Interview erzählt *Harry Sarfo* über die Strategie des IS in Europa. Neben *Abaaoud* sollen noch rund 90 weitere potentielle Terroristen nach Europa eingeschleust worden sein.[127] Die Strategie des „IS" ist simpel aber effektiv. Demnach soll vor allem über Konvertiten und Mittelsmänner der islamische Terrorismus in Europa organisiert werden. Gilt es in der ersten Phase neue Mitglieder und Sympathisanten mittels „Da`wah" zu rekrutieren und entsprechend zu radikalisieren, sollen in weiterer Folge kleine Netzwerke entstehen, deren Mitglieder sich auf den Jihad vorbereiten. Rückkehrer und radikale Imame sind vor allem für die Rekrutierung neuer Mitglieder und terroristischer Sympathisanten zuständig. Es gibt somit kein großflächiges Netzwerk terroristischer Organisationen, sondern es entstehen kleinere „Hit-Teams", die kaum von den Sicherheitsbehörden erkannt werden können und nur aus wenigen Mitgliedern bestehen. Die vom „IS" nach Europa entsandten „Soldaten" würden aber generell keine Terroranschläge durchführen. Diese Personen sind den Sicherheitsbehörden mehrheitlich bekannt, und sie können sich meist nicht ohne Beobachtung frei bewegen. Allerdings ist davon auszugehen, dass etliche Jihadisten unerkannt nach Europa eingereist sind. Ihre Aufgabe ist es vielmehr, neue Mitglieder zu finden, die bereit sind, Anschläge durchzuführen. Diese Personen sind den Sicherheitsbehörden zumindest in einem jihadistischen Zusammenhang nicht bekannt, sind aber oftmals bereits durch „Kleinkriminalität" behördlich aufgefallen. So können sich beinahe unbemerkt Strukturen in Europa entwickeln, die nicht nur Nahrung für Terrorismus sind, sondern auch deren Rückzugsgebiet darstellen.

Geht es nach der Propaganda des „IS", sollen seine Anhänger und Sympathisanten die Ungläubigen überall „jagen und töten". Basis dieser Terrorstrategie ist die radikalisierte „umma", die Gemeinschaft der Gläubigen weltweit: *„Die „umma" ist reich an talentierten und ausgebildeten Leuten."*[128], die allesamt nach der Meinung der Terroristen bereit sind, in einem militärisch asymmetrischen Krieg gegen den Westen und für ein Kalifat zu kämpfen. Die Ausbildung und das Training finden dezentral durch jihadistische Magazine der Terrorgruppen und entsprechende Videos statt. Ein großer Anschlag wie 9/11 oder der Madrider Anschlag auf den Bahnhof ist zwar denkbar, aber für Österreich sehr unwahrscheinlich. Die große Gefahr terroristischer Anschläge geht von Kleinstgruppen und „Einzelpersonen" aus. Dabei ist die Steuerung solcher Gruppen nicht immer direkt vom „IS" abhängig, sondern es bilden sich auch autonome Zellen, die von der Jihad-Ideologie beeinflusst sind. Angriffe auf struktursensible Institutionen sind ein denkbares Sicherheitsproblem. Angriffe mit Messern und anderen kleinen Waffen, Amok-Fahrten mit Fahrzeugen, Angriffe mit Feuerwaffen oder Sprengstoffanschläge, sind ein hohes Sicherheitsrisiko. Die „Wiener Terrorzelle" um den Prediger *Mirsad O.* soll konkrete Anschlagspläne bereits ausgearbeitet haben. Auch sollen Mitglieder an einem „Waffentraining" auf der Donauinsel teilgenommen haben.[129] Die Gefahr dieser Terrorzelle musste bis zur Zerschlagung durch die Behörden daher sehr hoch eingeschätzt werden, die Gefahr eines Anschlages war deutlich. Das bestätigte auch *Amer Albayati* in einem persönlichen Gespräch, der von möglichen direkten Terrorplänen der Gruppe erzählte.[130] Das primäre Ziel terroristischer Anschläge ist die hohe mediale Aufmerksamkeit, denn daraus speist und reproduziert sich die Ideologie des Extremismus. Erst durch die öffentliche Wahrnehmung kann der Terrorismus seine volle Wirkung entfalten. Öffentliche Aufmerksamkeit wird daher vor allem durch Anschlagsserien erreicht, die möglichst spektakulär sind und viele unschuldige zivile Opfer fordern, so genannte weiche Ziele, Objekte, die nicht durch Sicherheitspersonal und Sicherheitsbarrieren geschützt sind, bieten optimale Angriffsflächen. Verkehrsmittel sind dabei die beliebtesten Anschlagszenarien, weil diese schwer kontrollierbar sind und von vielen Personen verwendet werden. Es ist leichter, hier entsprechende Anschläge vorzubereiten und durchzuführen, weil die Terroristen in dem Strom der Passagiere leicht untertauchen können. Mit geringen Mitteln und weniger riskantem Aufwand lassen sich hier schnell hohe mediale Aufmerksamkeit und vor allem ein „blutiges Bild" erzeugen. Die „Amokfahrt" von Graz im Jahr 2015 verdeutlicht, dass terroristische Anschläge durch einfache Planung und Umsetzung relativ effektvoll durchzuführen sind.[131] Auch das Schienennetz der ÖBB rückt in den Fokus der Extremisten. Bereits 2015 soll der „IS" über soziale Medien in Nordafrika aufgerufen haben, in Österreich Züge entgleisen zu lassen.[132] Bisher konnte vor allem die Sicherheitsbehörden viele Anschläge in Österreich erfolgreich verhindern.

Allerdings sind Terrorangriffe nicht immer spektakulär und „blutig", sondern der „IS" greift auch auf subtile Taktiken zurück, die zunächst gar nicht als Terrorakt erkannt werden. Das Angreifen von Personen in der Innenstadt mit einem Messer, das Werfen von Steinen auf fahrende Fahrzeuge, Bombendrohungen oder das mediale Bedrohen von Einzelpersonen oder Gruppen stellen ebenso eine Terrortaktik des „IS" dar. Bombendrohungen ohne einen realen Hintergrund sind zwar keine offensichtliche Bedrohung, dennoch binden sie eine hohe Zahl von Einsatzkräften. Die Taktik der Vernebelung Bedrohungssituationen zu schaffen, die es gar nicht gibt, kann dazu genutzt werden, um echte Anschläge zeitgleich durchzuführen. Die Bindung der Einsatzkräfte führt dann zu einem Mangel in der konkreten Bedrohungssituation. Der neue Terrorismus ist wesentlich subtiler, unscheinbarer, er findet in der Öffentlichkeit statt, wird aber kaum mehr als Terrorismus wahrgenommen. Ein solcher Low-Level-Terrorismus erzielt aber einen großen Effekt, dann nämlich, wenn sich die Menschen im Staat nicht mehr sicher fühlen. Damit wird die Botschaft verbreitet, dass es jederzeit jeden treffen kann. Der Terrorismus ist die Zerstörung der Sicherheit und Stabilität der Gesellschaft. Der radikal-islamistische Fundamentalismus hat der modernen Gesellschaft den Krieg erklärt. Es wird mobil gemacht gegen die Mehrheitsgesellschaft, gegen deren Werte, gegen Integration, und das Ziel ist vor allem eine „ethnische Säuberung", eine Reinigung der Gesellschaft von Ungläubigen. Somit werden auch die Errungenschaften gegenseitigen Respekts zunichte gemacht[133], es gibt keinen Dialog, keinen gültigen Vertrag, es gibt nur den Kampf und den Sieg. Es muss mittelfristig mit einer Zunahme von Anschlägen auf „soft-targets" gerechnet werden.

Die Verbindung der extremistischen Szene Österreichs mit dem Balkan, wo alte Al-Qaida-Strukturen sich mit „IS"-Strukturen verbinden und mit Kontakten nach Tschetschenien zum „Emirat Kaukasus" verknüpft sind, begünstigt die Terrorszene in Österreich. Im jihadistischen Krieg in Afghanistan gegen die Sowjetunion sollen rund 4.000 ausländische Terroristen beteiligt gewesen sein, allein von diesen Rückkehrern geht bis heute eine massive Gefahr aus. Die mehr als über 30.000 ausländischen Jihadisten des „IS" zeugen nicht nur von der Globalisierung des Jihads und vom Organisationstalent extremistischer Gruppen, sondern auch von der internationalen Gefahr, die von radikalen Rückkehrern ausgeht. Es ist zu befürchten, dass die Rückkehrer sich ebenfalls, wie am Balkan geschehen, organisieren und sogenannte „Scharia-Dörfer" bzw. neue jihadistische Netzwerke gründen. In dem 2013 herausgegebenen *„Lone Mujahid*

Pocketbook", welches auf den Inspire-Ausgaben basiert, wird verdeutlicht, dass die Kriegslinie nicht mehr in Syrern, Irak oder anderen islamischen Ländern liegt, sondern dass sich die Frontlinie bereits im Westen befindet. Dem „IS" ist es gelungen, viele Mitglieder in Europa zu finden, die bereit sind, hier Anschläge durchzuführen. Diese Schläferzellen sind entweder durch den „IS" aus dem Kalifat nach Europa gezielt geschickt worden oder haben sich hier gebildet und sich dann der Ideologie des „IS" angeschlossen.

3.2. Der Aufstieg der salafistisch-jihadistischer Gruppen und der Beginn des Jihadismus in Österreich

In Europa und auch in Österreich sind spätestens seit den 1990er Jahren die ersten Jihadisten und jihadistische Gruppen aktiv in Erscheinung getreten. Es entwickelten sich viele unterschiedliche regionale Organisationen und Vereine jihadistischer Prägung. Allerdings fand die terroristische Ideologie anfangs nur schwer Ankerpunkte in den traditionellen Moscheen in Europa, erst mit dem Ausweichen in das Internet als Propaganda-Medium wuchs die Gemeinschaft der europäischen Jihadisten schnell an. Die neuen „Social Media" erlaubten nicht nur die explosionsartige Verbreitung extremistischer Inhalte, sondern auch eine direkte Vernetzung durch interaktive Kanäle. So entstanden neben den Propagandamagazinen von Terrorgruppen als „Kern-Ideologie", auch „Selfemade-Publikationen" von Anhängern der extremistischen Ideologie, die vor allem Adaptionen vornahmen und Inhalte an nationale Bedürfnisse anpassten. Somit wirkte die „ferne" Propaganda von Terrorgruppen heimisch und nah. Es wurden verstärkt europäische Personen der Öffentlichkeit und symbolträchtige Gebäude aus westlichen Städten in diese Propaganda integriert. Die Bildmontagen von zerstörten heimischen kulturellen und gesellschaftlichen Gebäuden bewirkten, dass der

Jihad gefühlsmäßig bereits in die europäischen Städte getragen wurde.

Während die erste muslimische Generation Europas noch mit ihren Heimatländern stark verbunden war und diese radikale Ideologie kaum rezipierte, griffen vor allem die zweite und die dritte Generation die „Lehre der radikalen Befreiung" auf. Mit der Gründung der Bewegung „*Millatu Ibrahim*" (Abrahams Weg) im Hebst 2011 durch den Österreicher *Mohammed M.* in Deutschland entwickelte sich die jihadistische Szene im deutschsprachigen Raum, in Österreich hatte er bereits für die Terrorgruppe Al-Qaida geworben. Nach seiner Enthaftung 2007 zog es ihn nach Deutschland, wo er die Bekanntschaft mit „*Deso Dogg*" machte. Ausgehend von dieser Bewegung entstanden im gesamten deutschen Bundesbereich immer neue Gruppierungen nach diesem Vorbild, die eine direkte „Vorbildwirkung" für österreichische jihadistische Tendenzen hatte. Aus einigen dieser Gruppen zogen später Jihadisten in das Kalifat, wurden Terrorgruppen unterstützt oder Terroranschläge in Europa geplant

Mohamed M. (links hinten) mit dem Deutschen Abu Umar beim Erschießen der Geiseln. Quelle: Youtube /soziale Medien

In einem berühmt gewordenen Video richtet sich *Mohammed M.* an die „Brüder in Deutschland" (wohl auch Österreich) und fordert diese auf, die Ungläubigen zu töten, wo immer man sie findet, bevor er mit einem aus Deutschland stammenden Jihadisten zwei gefesselten, vermutlich irakischen Soldaten von hinten in Kopf und Rücken schießt. *Mohammed M.* war nicht nur das Zentrum der ersten islamitischen Terrorzelle in Österreich, sondern hatte auch Breitenwirkung auf Islamisten in Österreich. Die Figur „*Mohammed M.*" als erfolgreicher Jihadist, der sich lossagt von allen „unterdrückenden anti-islamischen" Strukturen Österreichs, der ungläubige Feinde auf dem Weg Gottes im „heiligen Kalifat" tötet, wurde zum Zugpferd jihadistischer Strömungen. Der damals 22jährige war lange in der islamistischen Szene unterwegs, ebenso lange aber auch unter der Beobachtung der Verfassungsschützer und Terrorismusbekämpfung (BVT), die letztlich seine Wohnung verwanzten. Dabei entdeckten sie, dass *Mohammed M.* sich in internen Kreisen von Al-Qaida aufhielt und ebenso deren Propaganda im deutschsprachigen Raum verbreitete. Der Terrorgruppe gelang es über diesen Mittelsmann direkt in Österreich ihre Propaganda und Ideologie zu verbreiten. Der wichtige Mitarbeiter der mittlerweile in Deutschland verbotenen „Globalen Islamischen Medienfront" (GIMF), die oft als deutsches Sprachrohr Al-Qaidas genannt wird, übersetzte und verbreitete wichtige Botschaften Al-Qaidas für den deutschsprachigen Raum. Damit konnte sich die jihadistische Ideologie endgültig auch in Österreich verankern.

Die salafistische Szene hat durch Personen wie *Mohammed M.* und seinen audiovisuellen „Widerstand" gegen die ungläubigen, westlichen „Regime" eine eindringliche Botschaft verbreitet, einen Code des terroristischen Widerstandes. Die Szene findet Gefallen am Widerstand, am „heiligen Krieg", am Zerstören und Töten. Es ist der elaborierte Code von Gewalt und Religion, von Hass und vom Sieg der eigenen Gruppe. Er war es auch, der die österreichische Szene öffentlich zum Terror mit Autos und Messern in Österreich aufrief. In einem Interview mit dem Propaganda-Magazin „Al Risalah" legte der unter dem Kampfnamen „*Abu Usama Al-Gharib*" bekannte Austro-Jihadist seine grundlegende ideologische Gesinnung offen:

> „*Alles Lob gebührt Allah, dem Herrn der Welten! Bei Allah, ich sage: Alhamdulillah, für diese Gabe und Gnade! Alles Lob gebührt Allah, dass wir noch leben durften um zu sehen, dass Muslime in Deutschland für den Propheten aufstehen. Wie oft wurde der Prophet in der Vergangenheit beleidigt und es wurde nicht ein Wort darüber gesprochen. Wie oft wurde Allah beleidigt und wie oft hat man sich über den Islam lustig gemacht und keiner hat irgendetwas dagegen getan? So danke ich Allah, dass ‚Millatu-Ibrahim' diejenigen waren, die als erstes für den Propheten aufgestanden sind und gesagt haben: ‚Nein! Nicht mit uns! Ihr überschreitet eine rote Linie!' Alhamdulillah! Und diese Ausschreitungen verantworten in erster Linie die Kreuzzügler und Blutsauger, die im Reichstag oder Bundeskanzleramt sitzen. ... Und ich rate euch: Fürchtet Allah und nicht die Menschen. Diese Tawaghiet (*Bezeichnung für die Feinde Mohammeds, Anmerkung M.H.*) und die Kreuzzügler, die Polizei, der Staats- und Verfassungsschutz, wie auch die Medien sind minderwertige Geschöpfe. Sie können nicht einmal den Gestank, welcher beim Toilettengang entsteht, von sich abwehren! Was also sollen sie gegen euch machen?"*[34].

Mohammed M. ist maßgeblich mit daran beteiligt, dass die islamistische Szene in Österreich ideologisch erstarken konnte, gilt als ein „Held" in islamistischen Zirkel, der öffentlich und medienwirksam seinen österreichischen Pass verbrannte und sich damit endgültig von seiner Heimat lossagte. Bis heute wirken die radikalen Ansichten *Mohammed M.* nach und inspirierte nachfolgende jihadistischen Gruppen, auch wenn er immer wieder totgesagt wurde.

Eine weitere wichtige Schlüsselposition nahm der in Graz verurteilte Prediger *Mirsad O.* ein, der allerdings nicht aktiv kämpfte. Er trat unter dem Namen „*Ebu Tejama*" in Anlehnung an den fundamentalistischen Denker des Mittelalters *Ibn Tayymia* auf und gilt als der einflussreichste Prediger des Jihadismus der IS-Prägung. Er hat die IS-Sympathie-Bewegung in Österreich nicht nur hauptsächlich mitbegründet, sondern war bis zu seiner Verhaftung auch Aushängeschild des österreichischen Jihadismus.[135] *Mirsad O.* vertrat die Meinung, dass Muslime nur durch die Befolgung der islamischen Regeln auf Basis des Korans und der Sunna Glückseligkeit erfahren können. Daher dürfen Muslime diesen Rahmen niemals verlassen. Ein Abweichen bestehe aber bereits dann, wenn die westlichen Gesetze höher eingestuft werden als die göttlichen Regeln. Bereits in den Jahren 2008/2009 trat *Mirsad O.* als radikaler Prediger in Erscheinung, seine auf Youtube von Dritten verbreiteten und mit IS-Symbolen geschnittenen Videos von unterschiedlichen Reden und Predigten stellen eine subtile Meinungsmache für den Jihad dar. Immer wieder spricht er von der richtigen Einstellung für den Krieg, für bestimmte Vorbereitungen und zieht Vergleiche zwischen der Ideologie des „IS" und Al-Qaidas. Auch wenn *Mirsad O.* bestreitet, eine eindeutige Position vertreten zu haben, vielmehr hätte er theoretisch über die Regeln des Jihads und dessen Vorbereitung referiert, bleibt die Frage offen, warum er solche Reden für Jugendliche hält. In der islamistischen Szene in Österreich hatte er eine große Beliebtheit und war ein Magnet für junge Muslime.

Die österreichische Islamisten-Szene ist mit islamistischen Gemeinschaften in Bosnien und Tschetschenien eng verbunden. Die „Veteranen" des Afghanistankriegs, die sich am Balkan niedergelassen haben, stellen Kontakte zu früheren Extremisten und Jihadisten her. So gelang es, einzelne jihadistische Zellen in Europa mit internationalen Gruppen zu verbinden. Die Verbindungen reichen in den Nahen und Mittleren Osten bis hin nach Afrika. Durch ein solches

Netzwerk gelang es dann auch, etliche Jihad-Begeisterte in Österreich zu rekrutieren und in das Kalifat einzuschleusen. Die österreichische Szene profitierte dabei immer stärker davon, dass islamistische Texte verstärkt ins Deutsche übersetzt werden, zumindest liegen die meisten arabischen Texte bereits in Englisch vor. Damit wurde der Zugang zu den extremistischen Lehren für eine breitere Masse geöffnet. Der jihadistische Krieg und die utopische Vorstellung einer revolutionären, göttlichen Mission faszinierten immer mehr Jugendliche. Der starke gruppenbezogene gelebte Zusammenhalt und das wahre religiöse Ethos führten zu einer sich selbst reproduzierenden Weltanschauung. Die Gruppen verarbeiten nur bekannte Informationen und nehmen nur jene auf, welche mit ihrer Weltanschauung harmonisieren. Damit bewegt sich die Gruppe nur in jenem Bereich, den sie selbst bereits kennt oder der mit ihrer Weltanschauung vereinbar ist. Aus diesem Milieu entwickelte sich sehr bald das Bedürfnis für den Jihad und für den Befreiungskrieg der Muslime.

3.3. Der Jihad wird „heimisch"

Bereits 2012 gab es erste konkrete Hinweise auf eine Beteiligung an terroristischen Aktivitäten Wiener Muslime und islamischer Vereine. In der Tawhed-Moschee, die als zentrale Anlaufstelle des Islamismus in der Hauptstadt gilt, wurden über internationale Netzwerke Kontakte mit ausländischen Terrorgruppen geknüpft. *Ad-Kurdy Salih Abu*, ein Österreicher aus dem Irak, war nicht nur Generalsekretär der Hilfsorganisation „Saudisches Hilfskomitee für Flüchtlinge in Bosnien-Herzegowina", sondern er war auch ein leitendes Mitglied der Terrorgruppe „A*l-Gamma al-Islamina*", deren Anschläge in Ägypten viele Todesopfer forderten.[136] Mitgliedern dieser Terrorgruppe ist es in den Jahren immer wieder gelungen, unbemerkt nach Österreich zu gelangen und sich hier vor allem in den bereits verbreiteten Strukturen der Muslimbruderschaft zu etablieren. Es wird vermutet, dass *Ad-Kurdy Salih Abu,* der in viele islamischen Organisationen und Vereinen aktiv war, eine Verbindungsfigur der österreichischen islamistischen Szene mit ausländischen Extremisten darstellte.

Aber nicht nur diese Moschee gilt als ein hoch brisanter Ort des Islamismus in der Hauptstad mit vielen Verbindungen ins Ausland. Wien hat sich immer mehr zum Zentrum des Islamismus in Österreich entwickelt, der vor allem durch die enge Vernetzung auf den Balkan profitierte. Von der Sahaba Moschee in Wien soll *Nedzad Balkan,* alias *Abu Muhammed,* mitgeholfen haben, die bosnische islamistische Szene zu unterstützen.[137] Die um *Nedzad Balkan* entstandene Gruppe „Kelimetul-Haqq (Worte der Wahrheit)" steht unter dem radikalen Einfluss des saudischen Wahhabismus, der sich in Bosnien ebenfalls immer stärker ausbreitet. Während Saudi-Arabien in Bosnien immer mehr Präsenz bekam, wurde die Verbindung Österreichs und Bosniens gleichzeitig gestärkt und durch viele Spendengelder gefestigt. Der Großmufti von Bosnien, *Mustafa Ceric,*[138] warnte vor einem gefährlichen Einfluss des fundamentalistischen Islams und vor der Zunahme islamistischer Strukturen in Bosnien. Er wurde ignoriert und die Verbindungen wurden immer weiter ausgebaut. Ausschlagend für die islamistische Entwicklung sind die so genannten Scharia-Dörfer auf dem Balkan, die in einem engen Kontakt mit der österreichischen Salafistenszene stehen. Aus diesen Dörfern sind sehr viele begeisterte Muslime in den Jihad nach Syrien gezogen. Die Verstrickung einiger dieser Dörfer mit der islamistischen Szene in Österreich führte dazu, dass radikale Ideologen wie *Mirsad O.* sich hier bewegten und neue Anhänger rekrutieren konnten.

Durch ein solches Netzwerk rekrutiert und organisiert, zog es aus Österreich etliche Sympathisanten in den Jihad nach Syrien. Seit

2011 sollen rund 300 Jihadisten nach Syrien „ausgewandert" und sich dem Krieg des „IS" angeschlossen haben.[139] Wobei die Dunkelziffer weit höher sein könnte, da es die Instrumente und die Kapazitäten der Behörden es nicht erlaubten, sämtliche Bewegungen zu verfolgen. Der österreichischen „Jihad-Tourismus" wurde über extremistische Moscheen und Zellen organisiert. Die Wiener Zelle des „IS"-Terrorismus war vor allem um den radikalen Imam *Mirsad O.* und der mittlerweile geschlossenem „Altun Alem Moschee" in der Venediger Au organisiert. *Mirsad O* stammt aus dem serbischen „Sandžak" (Sandschak) und unterhält ein engmaschiges Kontaktnetz zu bosnischen und serbischen Salafisten. Diese Zelle aus Wien galt in der bosnischen Szene als ein wichtiges logistisches und finanzielles Unterstützungszentrum für den Jihad in Europa, wobei es auch enge Kontakte zu Terrorgruppen gegeben haben soll. Sandzak ist ein geografisches Gebiet, das länderübergreifend in Serbien, Montenegro liegt und an Bosnien grenzt und früher zum Osmanischen Reich gehörte. Nach dem Ersten Balkankrieg wurde das Gebiet zwischen Serbien und Montenegro aufgeteilt, die Muslime stellten mit knapp 43% eine Minderheit der Bevölkerung. Die islamischen Bestrebungen, als eine autonome Region anerkannt zu werden, wurden 1945 mit der Begründung der mangelnden Einheit der Muslime letztlich zerschlagen. Ausschlaggebend für die muslimische Identität war der endgültige Zerfall Jugoslawiens, die Mehrheit der Muslime tendierte dazu, sich als muslimische Bosniaken zu verstehen, was die serbische Regierung aber ablehnte. Eine gemeinsame Reform und eine gemeinsame Verfassung scheiterten bisher an den unterschiedlichen nationalistischen Strömungen.[140] Bis heute versuchen verschiedene Gruppe ein Kalifat zu errichten und sympathisieren mit dem internationalem Jihad.

Das Scharia-Dorf „Gornja Maoca" spielt bei dem österreichischen Jihadismus eine entscheidende Rolle. Es liegt rund 150 Kilometer von der Hauptstadt Sarajewo entfernt, rund 50 Familien haben in diesem armen Dorf ihr Lebenszentrum. Männer mit langem Bart und Frauen in Burka prägen das Dorfbild. Hier lebt man jenseits der Mehrheitsgesellschaft einen fundamentalistischen Islam, eine „IS"-Flagge begrüßte zeitweise die Besucher.[141] Aus diesem Umfeld zogen viele junge Männer in den Jihad nach Syrien. Der „neue" radikale Islam, der auf den Balkan vor allem wahhabitisch geprägt ist, erweckte die Aufmerksamkeit viele dort lebenden Muslim und die Vision einer transnationalen islamischen Einheit eröffnete frustrierten Muslime neue Möglichkeiten der Identitätsfindung. Saudi-Arabien unterstützt die Bestrebungen der Autonomiebildung der Muslime. Über Hilfsorganisationen fließt viel saudisches Spendengeld in das Gebiet. Damit wurden der Aufbau solcher Dörfer und viele wahhabitische Moscheen finanziert. Spätestens seit 2004 ist bekannt, dass die Gruppe *Aktivna Islamiska Omladina* (AIO)[142] nicht nur das Ziel eines eigenen islamischen Staates auf dem Balkan vorantrieb, sondern auch im Westen aktiv dafür Anhänger rekrutierte. Besonders junge Konvertiten sollten für den „Kampf um einen eigenen Staat" motiviert werden. Ihren Sitz hatte die Organisation in Wien, von dort wurden Homepages betrieben, Kurse erstellt, Propagandaborschüren entwickelt und der Kontakt auf den Balkan organisiert. Finanziert wurde die Arbeit, die auch Gruppen in Linz oder Graz gehabt haben soll, vor allem durch Saudi-Arabien. Der Einfluss des wahhabitischen Islams ist auch in Österreich erkennbar. Viele der bosnischen Vereine in Österreich sollen nicht nur von Saudi-Arabien finanziert worden[143], sondern direkt einem „Scharia-Islam" zugewendet gewesen sein.

Die ersten vereitelten Terrorangriffe unter dem Vorzeichen des Jihadismus[144] in Österreich versuchten bosnischen Muslimen durchzuführen. 2006 wurde ein in Wien lebender Bosnier unter dem dringenden Verdacht verhaftet, Anschläge in Österreich durchführen zu wollen. Nur ein Jahr später versuchte ein ebenfalls bosnischer Jihadist Sprengstoff in die US-Botschaft in Wien einzuschleusen. Im Jahr 2012 ist die Verbindungslinie zwischen dem österreichischen und dem bosnischen Jihadismus endgültig sichtbar geworden. Es kam zu einer Gerichtsverhandlung in Bosnien gegen drei aus Gornja Maoca stammende Jihadisten. Dem 23-jährigen *Melvid J.* wurde vorgeworfen, rund 40 Minuten lang auf die US-Botschaft in Sarajevo geschossen und dabei zwei Sicherheitsbeamte getötet zu haben. *Melvid J.* lebte in Wien und wurde ebenfalls in Wien radikalisiert, ebenso lebte der Dorfvorsteher von Gornja Maoca, *Nusred Imamovic,* zeitweise in Wien. Er vertrat die Meinung, dass es eine Pflicht eines jeden Muslims sei, eine Waffe zu tragen, um damit Ungläubige zu töten und die Welt vom Unglauben zu befreien.[145] Aufgrund der Durchsuchung des Scharia-Dorfes wurde auch *Hussein B.* verhaftet, der im Verdacht steht, Rekruten in Europa für den „IS" zu organisieren. Dabei soll *Mirsad O.* sein Kontaktmann in Österreich gewesen sein. Die Propaganda der beiden ist unter dem Stichwort „SalafiMedia Balkan" im Netz zu finden.

Die jihadistische Ideologie in Österreich ist das Ergebnis des steigenden Islamismus und des Einflusses eines radikalen ausländischen Islams, der auch von der bosnisch-muslimischen Community getragen wird. Diese steht über Mittelsmänner und Vereine mit dem Balkan in einem direkten Kontakt. Die Sahaba-Moschee in Wien ist zu einem wichtigen Zentrum der islamistischen Strömung geworden und hat weit über Österreich eine Wirkungskraft entwickelt. *Muha-*

mad Porca ist einer der treibenden Personen, er fungierte als Vorsitzender der bosnischen Muslime in Wien. In diesem Zusammenhang hat sich die Gruppe AIO (Aktive islamische Jugend) zu einem Propaganda-Sprachrohr islamistischen Gedankenguts in Österreich entwickelt. Die Verbindung der österreichischen Szene auf den Balkan unterstützte diese Entwicklung. Auch die Tawhed-Moschee, wo direkte Verbindungen zur Terrorgruppe „Front Islamique du Salut" bestehen soll[146], sowie die Grazer Elsalam-Moschee sind Teil der islamistischen Szene. Waren die Bosniaken vor rund 20 Jahren eine noch kleine unbedeutende Gruppe von Kriegsflüchtlingen in Österreich, ist diese Community heute eine rund 800 Familien umfassende Gemeinschaft geworden, die mit finanzieller Hilfe aus dem Ausland, vor allem aus den Arabischen Emiraten, Moscheen und Netzwerke in Österreich errichtet haben. Der Verein „Religionsgemeinde Tawhid" rund um *Muhamed Porča* wurde in Graz zur „Terrorproduktionsstätte", die mit der Muslimbruderschaft nahestehenden Gruppe „Muslimische Jugend" enge Verbindungen aufweist. Obwohl der extremistische Einfluss aus dem Balkanraum bekannt war und es viele Warnungen von liberalen Muslimen aus Österreich oder Bosnien gegeben hat, konnte sich in der steirischen Hauptstadt eine terroristische Zelle entwickeln.[147] Der Balkan hat sich hier zu einem breiten Einfallstor der jihadistischen Szene entwickelt.

Der bosnische Glaubensverein „Tawhid" am Grazer Lendplatz soll ebenfalls Teil des Rekrutierungsnetzwerkes für den „IS" in Österreich gewesen sein.[148] Bereits im Mai 2014 gab es die erste Hausdurchsuchung, in deren Rahmen der dortige Imam *Visit D.* unter Terrorverdacht vorübergehend verhaftet wurde. Die weiteren fünf verdächtigen Personen wurden auf freiem Fuß angezeigt. *Visit D.* soll jahrelang zum Jihad und zum Terror aufgerufen und mindestens acht Personen für den internationalen Jihad rekrutiert haben. Die

Terrorzelle in Graz bestand aus einem Moscheeverein am Lendplatz und einer weiteren Hinterhofmoschee im Stadtteil Gries. Diese Zelle, die mittlerweile vollständig ausgehoben wurde, soll direkt mit dem „IS" in Verbindung gestanden haben. Rund acht in Österreich lebende Tschetschenen sollen aus diesem Kontext nach Syrien gegangen sein und sich der Terrorgruppe Al-Nusra angeschlossen haben. Neben der Bosnischen Szene ist auch der tschetschenische Einfluss in Österreich spürbar. Tschetschenische Extremisten besitzen ein weit verzweigtes Netzwerk vor allem in Syrien und im Kaukasus. So soll beispielsweise die Terrorgruppe *Jaish al-Muhajreen wa Ansar* von einem Tschetschenen geführt werden. Nach dem Ende des erstens Tschetschenienkrieges 1992-1994 und spätestens nach dem zweiten Krieg 1999-2009 konkurrierten nicht nur nationalistische und islamistische Gruppen um die Herrschaft in Tschetschenien, sondern es gelang den tschetschenischen Islamisten ihren Wirkungsbereich auch auf andere Länder und Regionen auszudehnen. Bereits 2007 rief *Doku Umarow* das „Kaukasus-Emirat" aus und begründete seine Vorgehensweise damit, dass die islamische Bevölkerung nicht mehr unter einer nationalen Flagge zu kämpfen bereit wäre.[149] Durch seine ideologische Vorstellung des Kampfes gegen jegliche Gesetze und Regeln der Ungläubigen und für das Ziel eines eigenständigen Kalifats konnte er die islamische Jugend begeistern. Die Jihadisten aus dem Kaukasus-Emirat sind fähige und loyale Diener des „IS", sie haben ihr „Handwerk" in den Kriegen gelernt. Es war der Mythos des eigenen Reiches, der die islamistischen Strukturen und den Jihad im Kaukasus anspornte. Dieser „Befreiungskampf" der islamistischen Extremisten führte zu vielen Terroranschlägen in Russland.[150] Diese ideologische Vorstellung eines eigenen Kalifats, einer totalen Befreiung von anti-islamischer Strukturen und Elemente und die mythische Vorstellung eines reinen Islams zu Zeiten Mohammeds, ist der gemeinsame Nenner sämtlicher weltweiter islamistischer und jihadistischer Strömungen.

3.4. Die funktionale Rolle der Imame

Im Mittelpunkt einer islamischen Glaubensgemeinschaft befindet sich generell der Imam in der Moschee. Sie sind nicht nur als Vorbeter tätig, sondern können auch eine politische Funktion aufweisen. Besonders extremistisch-radikale Imame in Europa müssen als „verlängerter" Arm der Ideologie des Kalifats in Syrien und Irak verstanden werden. Auch in Österreich sind radikale Imame an der Verbreitung der jihadistischen Ideologie maßgeblich beteiligt. Dabei haben einige dieser extremistischen Imame Kontakt zu Terrorgruppen im Ausland, darunter Al-Qaida, dem „IS", Al-Nusra und anderen Gruppen.[151] Imame bilden das Zentrum der religiösen Gemeinschaft in der Moscheenlandschaft, sie üben einen starken Einfluss auf die Gemeinde aus. Somit könnten sie eine große Integrationsarbeit leisten, sie können aber auch gegenteilige Tendenzen auslösen, wie etwa der radikalislamische Prediger *Abdalla,* ein ägyptischer Staatsbürger und mittlerweile in Österreich verurteilt. Der in Innsbruck lebende und predigende Imam soll mindestens zwei Personen für den „IS" oder Al-Qaida angeworben haben, bei einer dritten Person blieb es bei dem Versuch. Auch er selbst, das bestreitet er nicht einmal, befand sich zeitweise in Syrien, um humanitäre Hilfe, wie er es umschreibt, zu leisten. Besonders Kindern in Flüchtlingscamp half er nach eigenen Angaben. *Tamerlan. S.,* der in Syrien im Jihad gekämpft hatte und dort schwer verletzt worden war, soll im Jahr 2014 von *Abdalla* für den Terrorismus rekrutiert und von ihm ins Kampfgebiet gebracht worden sein. Im selben Zeitraum versuchte er auch den Bruder, *Deblitsch. S.,* für den Jihad zu rekrutieren, was letzlich aber misslang. Die Rekrutierung soll in einer „Hinterhofmoschee" in der Adamgasse in Innsbruck stattgefunden haben. Dort soll er auch den zweiten Sympathisanten für den Jihad in Syrien, den türkischen Staatsangehörigen *Coskuner*, überzeugt und in weiterer Folge ihn ebenfalls in das Kriegsgebiet begleitet zu haben. Von Innsbruck führte die Reise in die syrische Stadt „Latakia" zu einem Camp der Terrororganisation *„Junud Ash-Sham"*. Die Hafenstadt ist Schauplatz unterschiedlicher Gefechte im Bürgerkrieg in Syrien und wurde vor allem von Terroristen als Rückzugort und Basis genutzt. Russland ist sowohl wirtschaftlich als auch militärisch hier immer wieder aktiv und nutzt den Hafen als Handelsplatz für Gebrauchsgüter, aber auch für Waffen.

Um Menschen für den Krieg, für den Jihad zu begeistern, bedarf es einer wirkungsvollen Rhetorik. Der „Starprediger" der Islamistenszene *Mirsad O.*[152] hat eine besondere rhetorische Fähigkeit entwickelt, seinen „Unterricht" so zu gestalten, dass er an bestimmte Emotionen seiner Zuhörer anknüpfte, ohne dabei zu konkret zu werden. Er hat es weitgehend vermieden, seine eigene Meinung darzustellen, sondern er predigte generell bei jihadistischen Themen immer in einem theoretischen Konjunktiv. Nach traditioneller Art der Koranschulen wurden Suren rezitiert und auswendig wiederholt, eine perfide Methode der Instrumentalisierung und Gehirnwäsche. Seine Aufrufe zum Jihad waren nie öffentlich, und er war stets darauf bedacht, dass davon keine Videos gemacht werden. Seine Predigten waren nach Aussagen vieler Zuhörer[153] sehr lehrreich, aber niemals hätte er zur Beteiligung zum Jihad aufgerufen. In seiner Wiener Stamm-Moschee, der mittlerweile geschlossenen *„Altun-Alem-Moschee"*, soll er einige Mitglieder für den Jihad in Syrien rekrutiert haben. Die Predigten waren rhetorisch so aufgebaut, dass die Zuhörer sich haben mitreißen lassen, mehr noch, sie sollten zu bestimmten Taten und bestimmten Verhalten beeinflusst werden. Die Reden von

Mirsad O. beeindruckten die jungen Zuhörer. In der Regel waren zwischen 20-30 männliche Personen im Alter von 15-25 Jahre bei seinen Auftritten anwesend. Wenn er gefilmt wurde, dann sprach er nicht über den Krieg in Syrien und die Verpflichtung dort seinen „Beitrag" zu leisten und wenn, dann nur in einem sehr theoretischen und sehr allgemein gehaltenen Sinn. Es gab immer wieder Hinweise, dass *Mirsad O.* offen für den Jihad in Syrien in einem kleinen geschlossenen Kreis geworben hat, aber sämtliche Anschuldigungen von seinen Anhängern dementiert und später auch zurückgenommen. Zeugen konnten sich an nichts mehr erinnern, die Polizei hätte in den Verhören Druck ausgeübt oder es wurde tatsächlicher Druck durch die islamistische Community auf die Betroffenen ausgeübt. Es kann nicht nachvollzogen werden, warum entsprechende Aussagen verändert wurden, aber die Mauer des Schweigens konnte nicht durchbrochen werden. Die Szene ist bis heute weitgehend geschlossen und schirmt sich gezielt von der Mehrheitsgesellschaft ab. In seinen Reden soll der Jihad-Begriff sich in einem unmissverständlichen Tenor an dem „kleinen" Jihad (Krieg) orientiert haben, besonders gegen *Assad*. Damit griff er die Idee der Befreiung der Muslime auf, die spätestens mit der Muslimbruderschaft entwickelt wurde.

Wie kann aber eine mögliche radikale Sprache islamischer „Gelehrter" erkannt werden? Erste Hinweise auf islamistische Reden sind wiederholende symbolische Begriffe und Slogans, die nicht selten aus dem Arabisch übernommen werden und in einem eindeutigen religiös-politisierten Kontext stehen. Diese Begriffe werden vollständig auf eine radikal-jihadistische Interpretation reduziert, wie beispielsweise der Begriff „Jihad" der nur mit „Kampf/Krieg" (Qital) gedeutet wird. Dabei wird die Unterscheidung zwischen dem „kleinen Jihad" (Kampf bzw. Krieg) und dem „großen Jihad" als spirituelle Anstrengung der Gläubigen aufgelöst. Vielmehr finden Jihadisten eine vermeintliche Spiritualität im Kampf. Daneben lassen sich besonders in einem gewaltbejahenden Kontext auch Parolen finden, die zumindest Sympathien für den „kleinen Jihad" oder den „Islamischen Staat" aufzeigen. Darunter immer wieder: „*Al-Dawla Al-Islamiya baqiya*" (abgekürzt: *Baqiya*: Der Islamische Staat bleibt) als Sympathiebekundung für den Kampf um den eigenen islamischen Staat. Bei der Verwendung solcher jihadistisch interpretierten Begriffe und Slogans kann eine implizierte Aufforderung mittransportiert werden. Sprache hat unterschiedliche Funktionen, sie kann über Sachverhalte informieren, aber auch entsprechende Verhaltensreaktionen hervorrufen. Nach *Karl Bühler*[154] hat die Sprache zumindest drei wichtige Funktionen: 1) die Ausdrucksfunktion, 2) die Darstellungsfunktion und 3) die Appellfunktion. *Bühler* versteht die Sprache vor allem als ein Werkzeug mit dessen Hilfe man seinem Gegenüber etwas mitteilen kann. Die Ausdrucksfunktion drückt immer etwas über den Sprecher aus, durch Verwendung von bestimmten Worten und Tonvariationen der Stimme werden Gefühle, Vorstellungen oder Wünsche des Sprechers übertragen. Sprache bezieht sich dabei auf Gegenstände oder Sachverhalten, damit werden Wörter und Zeichen zu Symbolen. Die Appellfunktion ist jener Aspekt, bei der der Sprecher bei den Zuhörern etwas auslösen möchte oder es zu einer bestimmten Reaktion kommen soll. Eine Kommunikation lässt sich nur dann verstehen, wenn alle drei Elemente berücksichtigt werden. Der Hinweis radikaler Imame, man würde nur über „Sachverhalte" des Islams wertneutral referieren, führt somit ins Leere, weil eben immer eine Ausdrucks- und Appellfunktion neben einer möglichen wertneutralen Darstellung mitgedacht werden muss. Die grundlegende Frage dabei ist: Was möchte der Referierende bei den Zuhörern auslösen bzw. erreichen und welche Reaktionen sind in der Gruppe der Empfänger zu erwarten? Damit haben Imame eine große Verantwortung und müssen eine gemäßigte Sprache wählen, alles andere könnte von den Zuhörern als unmissverständliche radikale Weltanschauung und als normative Aufforderung verstanden werden.

Auch die Sprechakttheorie von *John Austin*[155] unterstreicht den Aspekt, dass durch Sprache etwas ausgelöst werden kann. *Austin* unterscheidet vier Sprechakte, die bei einer Kommunikation simultan stattfinden: 1) der lokutionäre Akt, 2) der propositionale Akt, 3) der illokutionäre bzw. illokutive Akt und 4) der perlokutionäre bzw. perlokutive Akt. Der lokutionäre Akt der Sprache ist die konkrete Äußerung, meistens handelt es sich hierbei um ein Wort oder um Wortketten, aber auch die Gestik, die Mimik und letztlich auch die Bewegung der Zunge fällt in diese Kategorie. Im propositionalen Akt bezieht sich der Sprecher auf einen Sachverhalt oder weist Sachverhalten bestimmte Eigenschaften zu. Der illokutionäre bzw. illokutive Akt ist die zentrale Eigenschaft von Sprache, hier wird eine Bitte, Empfehlung, Aufforderung, Frage, Feststellung etc. mittransportiert. Aus der Sozietät der Gemeinschaft werden die impliziten Botschaften verstanden, was von Außenstehenden nicht immer nachvollzogen werden kann. Daher müssen Sprecher und Empfänger ähnliche Definitionen und Symbole besitzen, damit die Kommunikation und die Botschaft verstanden werden kann. Von den Zuhörern kann, die nicht explizit ausgesprochene Forderung verstanden und unter Umständen umgesetzt werden. Die Aussage in einem islamistischen Umfeld, dass „alle Muslime verpflichtet sind, die unterdrückten Brüder und Schwestern in Syrien mit allen ihnen zur Verfügung stehenden Mitteln zu unterstützen", kann als eine direkte Aufforderung zum Jihad verstanden werden. Der vierte Aspekt der Sprechakttheorie ist der perlokutionäre bzw. perlokutive Akt, der einen Effekt darstellt. Wie wirkt die Sprache auf die Zuhörer, welcher

Effekt wird erzielt? Informiert der Sprecher wertneutral, irritiert er die Zuhörer oder motiviert er sie? Nach der Theorie von *Austin* ist Sprache vor allem zwischen dem perlokutionären Sprechakt und den illokutionären „Effekten" zu unterscheiden. Diese beiden Aspekte sind durch eine kausal-logische Relation verbunden. Von einem erfolgreichen Sprechakt kann dann gesprochen werden, wenn die beabsichtigte Wirkung bei den Zuhörern erreicht wird. Will ein Redner die Zuhörer zum Lachen bringen, diese aber ärgern sich, kann von keinem Erfolg gesprochen werden. Wird aber durch den perlokutiven Akt tatsächlich ein Lachen bei den Zuhörern ausgelöst, dann kann von einem erfolgreichen Sprechakt gesprochen werden.

Übertragen auf radikal-extremistische Reden bedeutet dies, dass eine solche Rede dann ein erfolgreicher Sprechakt ist, wenn die Zuhörer die Botschaft aufsaugen und als Maßstab ihrer Weltanschauung akzeptieren. Radikal-extremistische Reden werden nur dann entsprechende Effekte und Reaktionen auslösen, wenn das Publikum die entsprechende Symbolik und Semiotik des Islam verstehen kann. Die religiöse Sprache des Islams ist voller Bilder und Analogien, die zur Grundlage der „Generation Islam" geworden sind und von allen Mitgliedern verstanden werden. Wenn sich Jugendliche nach solchen Reden Terrorgruppen anschließen oder sich weiter radikalisieren und sich von der ungläubigen Mehrheitsgesellschaft abwenden, dann kann von einem erfolgreichen Sprachakt gesprochen werden.

Die performative Sprache der Imame ist die Basis der Zunahme der Radikalisierung unter den Muslimen und Konvertiten. Die Radikalisierung besteht vor allem in einer massiven Veränderung im Denken, in der Loyalität, bei den herrschenden Werten und im Verhalten der Anhänger. Das Rezitieren von gewaltbejahenden Suren kann in diesem Zusammenhang als Radikalisierungsversuch islamistischer

Prediger verstanden werden. Dass es einen Zusammenhang zwischen extremistischen Reden und dem Willen zu Gewalt und Terror gibt, verdeutlichen die vielen Terroranschläge in Europa. Der „spirituelle Führer" der spanischen Terrorzelle *Abdelbaki Es Satty* radikalisierte nicht nur seine Anhänger, sondern war auch aktiv an der Planung des Anschlages mit 15 Toten und rund 120 Verletzten im Jahr 2017 beteiligt. Sein Plan war die Sprengung der Sagrada-Família-Kathedrale in Barcelona, allerdings verloren er und zwei weiteren Attentätern bei den Vorbereitungen ihr Leben, seine Anhänger führten tags drauf den Anschlag überstürzt durch. *Es Satty* reiste durch Europa und verbreitete seine extremistische Ideologie, er war wie viele islamistische Denker ein „Botschafter des Jihadismus und ein Visionär einer weltweiten umma". Auch in Wien soll er in einer radikalextremistischen Moschee seine Ansichten verbreitet haben. Mit einigen Jugendlichen soll er sich auf den Weg von der österreichischen Hauptstadt nach Mekka gemacht haben.[156] Ob diese Vorwürfe stimmig sind, müssen erst weitere Ermittlungen ergeben, es verdeutlicht aber die Möglichkeit der Mobilität der extremistischen Imame. Diese „Pop-Stars" des Jihadismus „bekehren" Jugendliche und zeichnen ein Bild einer zusammenhängenden islamischen Gemeinschaft, die sich über jegliche künstliche Grenzziehung hinwegsetzt. Dieser Terroranschlag in Barcelona verdeutlicht, dass Behörden die Wirkung radikaler Imame und deren Wirkungsbreite lange unterschätzt haben. *Es Satty* war den europäischen Behörden schon seit langem bekannt, auch saß er kurze Zeit in Spanien im Gefängnis. Eine Abschiebung nach Marokko wurde allerdings durch einen spanischen Richter verhindert, er galt als ungefährlich.[157] Diese Fehleinschätzung verdeutlicht, dass eine Loslösung von der religiösen jihadistischen Ideologie oftmals nur eine äußerliche ist. Islamistische Positionen sind, wie oben dargestellt, immer in einer Anti-These zum westlichen Staatsmodell und untergraben laufend die Autorität des

Staates. Und obwohl *Es Satty* bereits wegen seines Extremismus bekannt war, konnte er aufgrund des Freizügigkeitsabkommens seine Ideologie in Europa problemlos verbreiten. Die Offenheit, die Freizügigkeit, die Liberalität der westlichen Gesellschaft eröffnen den islamistischen Terroristen eine neue Strategie. Während sie in den meisten Heimatländern Repressionen fürchten müssen, können islamistische Prediger in Europa aufgrund einer falsch verstandenen Religionsfreiheit ihre Weltanschauungen leichter verbreiten. Eine immer größer werdende Zahl unzufriedener junger Männer und Frauen wird von ihnen in den Bann gezogen. Durch das „Ausnutzen" der europäischen Toleranz und Freizügigkeit trifft der islamistische Terrorismus Europa an seinem schwächsten Punkt: der gelebten Humanität der westlichen Gesellschaft.

Ein immer wiederkehrendes Thema bei fundamentalistischen Predigern ist die Frage nach dem richtigen Umgang von Muslimen mit Nicht-Muslimen. Der Wiener Imam ägyptischer Herkunft *Zakaria Mohamad* spricht in einer unscheinbaren Moschee vor einem rein männlichen Publikum und unterteilt die Menschen in Österreich streng nach wahren Gläubigen und Ungläubigen. Und liefert gleich ein ganzes Regelsystem, wie sich Muslime gegenüber Nicht-Muslimen zu verhalten haben. Gratulieren zu nicht-muslimischen Festtagen sei streng untersagt, weil solche Feierlichkeiten keinen Grund in der Religion des Islams haben. Eine Gratulation, so die Argumentation, würde bedeuten, dass die Muslime die Feiertage und Lebensvorstellungen der Nicht-Muslime anerkennen würden[158]. Es ist diese dichotome Weltanschauung, die fixe Einteilung in Gläubige und Ungläubige, die Basis für Abwertung, Hass und Gewalt ist. Durch die Einteilung der Menschen in „Gläubige" und „Ungläubige" wird eine implizierte Botschaft der notwendigen Zugehörigkeit zur „richtigen" Gruppe transportiert. Nicht ohne Grund spricht *Abdel Hamed-Samad* davon, dass die Gewalt in der Sprache beginnt.[159] Die Verwendung dieses Begriffspaares ist nicht nur eine ideologische Weltanschauung, sondern bereits eine performative Sprache der Gewalt. Es geht hier vor allem um verbotene Werte, Verhaltensweisen und um Sünden. Solche Menschen werden von Allah bestraft, ein Kontakt mit diesen ist den Muslimen untersagt, und es dürfe keine Sympathie gezeigt werden. Die Reden der Imame sind emotional geführte Anklagen gegen die Ungläubigen und die westliche Gesellschaft. Dem radikalen Prediger *Zakaria Mohamad* folgen rund 27.000 Fans auf Facebook[160], was die reichweitenstärke extremistischer Imame in den Sozialen Medien unterstreicht.

3.5. Argumentationsmuster

Um die Absichten und das Verhalten europäischer Jihadisten zu verstehen, müssen vor allem die Argumentationsmuster aufgedeckt werden. Gerade bei den Selbstmordattentätern steht in deren Argumentationsstruktur die Hoffnung und Aussicht auf das Paradies als ein wichtiges Leitmotiv bei ihren Handlungen im Vordergrund.[161] Als Belohnung warten auf den Märtyrer Jungfrauen zum sinnlichen Vergnügen, wobei diese immer Jungfrauen bleiben. An diesem Ort kommt der Jihadist zur „Ruhe", erlangt den höchsten Ruhm und den bestmöglichen Lohn. Es sei an dieser Stelle nur kurz angemerkt, dass die höchste Erfüllung für die männlichen Muslime nicht in einer Vorstellung einer „Gottwerdung" mündet oder einem Konzept, dem Göttlichen näher zu kommen, sondern aus der männlichen Fantasie" gespeist wird. Besteht die höchste Belohnung doch in einer Möglichkeit der vollständigen Auslebung sexueller Energie mit allzeit bereiten Paradiesfrauen. Neben dieser Vorstellung der Belohnung sind es vor allem religiös-politischer Argumente. Dabei wird in Europa die Religion zu einem unangreifbaren Fetisch und Talisman erhoben[162], die Jugendlichen entwickeln hier ihre Identifikation als

Gegenkultur zur westlichen Gesellschaft. Erst durch die Religion werden die Jugendlichen zu etwas Besonderem, zu etwas Wertvollem, daher muss die Religion gegen alle „säkularen" Mechanismen verteidigt werden. Das erklärt mitunter auch, warum islamistische Gruppen teilweise provokativ und angriffslustig politisch auftreten und religiös begründete Forderungen stellen. Generell sind im Islam die politische Dimension und die spirituell-religiöse Ebene eine untrennbare Einheit. Was für den Islam als „Gesamtpaket" durchaus angezweifelt werden kann, gilt aber für den Islamismus absolut. Religiöse Argumente sind automatisch politische Aussage und umgekehrt. Aus westlicher Sichtweise mag eine Trennung von Politik und Glaube richtig und stimmig sein, nicht aber aus einem islamistischen Verständnis heraus.

Es lassen sich mindestens vier grundlegende Argumentationsmuster bei der Rekrutierung und Radikalisierung identifizieren. Das *Verelendungsargument* behauptet, dass es den Muslimen weltweit schlecht geht, weil der Westen ihre Länder ausbeutet und ständig Krieg gegen die Muslime führt. Die Einflüsse des Westens und die Kriegsspuren sind fester Bestandteil islamischer Gesellschaften und Rhetorik. Die alleinige Abschiebung der Verantwortung auf den Westen als Ursache und Auslöser der schlechten sozialen, politischen und ökonomischen gesellschaftlichen Situation islamischer Länder, ist eine zu einfache Antwort, die aber starke emotionale Argumentationsmotive beinhaltet. Vor allem, weil dadurch auch notwendige Reformen von islamistischen Gruppen blockiert werden können, die gegebenenfalls eine Kritik des Islams erfordern. Wird die Schuld nicht bei sich selbst, sondern in dem „Feindbild" gesucht, kann dieser auch gehasst und angegriffen werden. Die USA und ihre weltweiten Verbündeten würden nach dieser Argumentation einen internationalen militärischen Kreuzzug gegen die islamische Welt und gegen jeden Muslim führen. Der Jihad ist daher nur ein notwendiges Konzept der Selbstverteidigung. Die Europäisierung dieser Argumentationskette findet ihren Ausgang in der These, dass sich die Muslime in Europa in einer unterdrückten und diskriminierten Minderheit, in einer ethnischen, sozialen und politischen Schwäche befinden. Aus diesem Grund müssen sich Muslime friedlich und angepasst verhalten, solange bis die „umma" stark genug ist, sich gegen die Mehrheitsgesellschaft zu wehren. Der Verweis auf ein Selbstverteidigungsrecht der Muslime mittels des Jihads gegen westliche Besatzer und Imperialisten wird in der Rhetorik des Islamismus zum Selbstläufer, der sich laufend unter den Sympathisanten reproduziert.

Aus diesem Grundgedanken heraus lässt sich auch die zweite Argumentationskette besser nachvollziehen. Der Islamismus verbreitet die notwendige Idee der *Rache am Westen*. Die gesamte islamische Welt wird vom Westen unterdrückt, so die Argumentation mit der Strategie, dass nur gezielte Racheanschläge gegen den Westen diese Unterdrückung letztlich brechen und aufhalten können. Dabei wird aber vergessen, dass Länder wie Saudi-Arabien oder der Nord-Jemen nie unter einem direkten Einfluss des Westens standen. Der Islam muss sich, in dieser Denkfigur, vor allem für das erfahrene Unrecht aus dem Kolonialismus und Imperialismus rächen. Damit verbleibt dieses Denk- und Argumentationsmuster in einem bereits vorislamischen Rechtsverständnis der „Blutrache". Aus dieser Vorstellung heraus können erlittene Niederlagen und Verletzungen vor allem durch eine gleichgerichtete Rache wiedergutgemacht werden. Damit wird vor allem die Vorstellung hochgehalten, dass für jeden vom Westen getöteten Muslim mindestens ein Ungläubiger sterben muss. Im jihadistischen Verständnis wird diese Vorstellung noch gesteigert, sodass auf jeden getöteten Muslim vier, zehn oder mehr Nicht-

Muslime als Rache getötet werden müssen. Im europäischen Kontext erfährt dieses Argument die Ausdehnung, dass die westlichen Gesellschaften ein „islamisches Leben" tendenziell verhindern, was einer Unterdrückung gleichkäme. Aus diesem Grunde müssen Muslime zusammenhalten und für ihre „Rechte" kämpfen. Notfalls auch mit Gewalt.

Die dritte Argumentationsfigur wurde bereits angesprochen, hat sie doch als Ausgangslage eine konkrete *Vorstellung des Paradieses* auf Erden, in Bezugnahme auf der Paradiesvorstellung nach dem irdischen Tod. Den Jihad-Willigen wird ein Paradies versprochen, das sich zwischen Gewalt und Terror auf der einen Seite und Luxus und sexueller Freiheiten auf der anderen Seite in ihrem Leben aufspannt. Das Versprechen eines heiligen Krieges, eines gerechten und notwendigen Befreiungskrieges der Muslime gegen *Assad* und sämtliche anderen „Götzenbilder"[163] sowie die Absicherung der eigenen Existenz in Syrien, eröffnet den Jihadisten neue Perspektiven, die in Österreich vermeintlich nicht oder nur umständlich erreicht werden können. Besonders die sexuelle Freiheit ist durch das österreichische Strafgesetz massiv eingeschränkt, in der Ideologie des „IS" hingegen werden Frauen und Mädchen, die sich nicht der extremistischen Ideologie unterworfen haben, als Sklaven betrachtet. Entsprechende Fatwas etwa regeln den „richtigen" Umgang mit den Frauen und Mädchen, um nicht fast zynisch von einem „Gebrauch" von Sexsklavinnen zu sprechen. Hier wird der Jihadist zu einer machtvollen und herrschenden Person, die sich entsprechenden „Respekt" durch das Töten „Ungläubiger" und den Besitz von Sklavinnen verdient.

Eine weitere Begründung der Islamisten liegt im Verweis auf die „*Unmoralität* „der westlichen Gesellschaften. Europa ist es nicht gelungen, ein Modell zu entwickeln, in dem Prostitution, Alkoholgenuss, Auflösung von traditionellen Familienstrukturen etc. verboten sind bzw. ihnen entgegengewirkt werden kann. Ein laizistisch basiertes Staatsmodell eröffnet der Sünde Tür und Tor. Während Religionen ihre Verwurzelung in einer Spiritualität haben, besitzt der Laizismus eine solch tiefgehende Verwurzelung nicht. Die Homosexualität wird immer wieder gerne als Paradebeispiel angeführt, als dekadente Zerfallserscheinung der westlichen Moralität. Um den Verfall der Gesellschaft aufzuhalten, müssen Muslime sich weltweit für alle Menschen engagieren. Die Legitimation finden sie im Koran. Zur „Errettung" der Menschheit muss daher ein religiös begründetes Staatsmodell durchgesetzt werden, das göttliche Werte und Regeln durchsetzt. Aus diesem Verständnis heraus traten sieben junge Salafisten 2014 in Wuppertal als „Scharia-Polizei" in Erscheinung. Dabei trugen sie orange Warnwesten mit der Aufschrift: „Schariah Police". Mit dieser massiven Provokation sollte versucht werden, Muslime an der Teilnahme des westlichen Lebens zu hindern, das „[...] *in der Welt der Islamisten dekadent, gottlos, strafbar und am besten auszurotten ist.*[164] In einem ersten Gerichtsverfahren 2016 wurden die jungen Männer der Aktion freigesprochen, das Landgericht sah in der Aktion kein Verstoß gegen geltende Gesetze. Der Bundesgerichtshof (BGH) hob dieses Urteil allerdings auf. Nach Erkenntnis des BGH kann bereits das Tragen von Warnwesten in Verbindung mit einem offensiven Auftreten junger Männer einschüchternd wirken, wobei in diesem Fall noch die Aufschrift dazu kam. Ziel der Salafisten wäre demnach eine gezielte Einschüchterung gewesen, was strafrechtlich belangt werden kann.[165] Das Auftreten als „Scharia-Polizei" verdeutlicht den Anspruch des Herrschaftsrechts islamistischer Wertvorstellungen. Bei diesem Phänomen treten Jugendliche und junge Männer aus der salafistischen Szene als „Sitten-Hütter" auf und bekämpfen einen vermeintlichen Werteverfall. Dabei wird erklärt, dass man sich in einer Scharia-Zone befindet und daher entsprechende Verhaltensregeln hier gelten. Das betrifft vor allem den Konsum von Alkohol, das Rauchen von Zigaretten und unkeusches Verhalten. In Bezug auf Mädchen und Frauen werden strenge Kleiderschriften gefordert. Dies stellt einen Ansatz eines provozierten Kulturkonfliktes dar. Die Islamisten übernehmen schrittweise Hoheitsansprüche über bestimmte Wertvorstellungen, Verhaltensweisen und versuchen massiv den öffentlichen Raum zu besetzen. Auch in Österreich ist diese Provokation durch Islamisten ein immer wieder auftretendes Phänomen. Bereits 2013 trat *Mucharbek T.* als „Scharia-Polizist" in Wien auf und „rügte" eine falsche Bekleidung zweier jungen Musliminnen in Wien. Die beiden Studentinnen trugen zwar Kopftuch, waren sonst aber sehr westlich und in den Augen der Islamisten zu freizügig gekleidet. Er soll mit seinem Auto an die beiden Frauen herangefahren sein und diese beschimpft haben. Eine solche Entwicklung ist die direkte Folge aus der islamistischen Ideologie und der absoluten Verengung auf traditionelle islamische Vorstellungen und totalitäre Verhaltensweisen. Es ist der Versuch, Mädchen und Frauen in ein islamistisches Schema zu drücken. Der Druck auf sie ist in der islamischen Community besonders stark, unverhüllte Frauen gelten als „Schlampen" und in weiterer Folge als „Freiwild". Der Druck der Familie und des sozialen Umfeldes führt zur Rücknahme der emanzipierten Werte und drängt die muslimische Frau in eine starke unterdrückte Position. Es wird das traditionelle Rollenbild gefordert, in dem die Frau sich um den Haushalt kümmern muss, während sich der muslimische Mann in der Öffentlichkeit befindet. Die Kleidung darf nicht zu eng sein, nicht körperbetont und sollte grundsätzlich auch nicht farbig sein.

Eine weitere argumentative Motivation wird aus dem „Verelendungsargument" heraus artikuliert und beschreibt die *Opferrolle der Muslime*. Mit dem Status des Opfers gesellschaftlicher und politischer

Willkür kann eine machtpolitische Funktion erreicht werden. Islamische Vereine, die sich auf die Opferrolle berufen, verfestigen ein Feindbild in der islamischen Community. Damit wird dem Konflikt immer neues Potential geliefert. Solche Vereine tragen kaum etwas zur Integration und zum friedlichen Zusammenleben bei, sondern reißen bereits vorhandene Gräben noch weiter auf. Solche Vereine verstärken den Prozess der Destabilisierung und der Spaltung der Gesellschaft. Gruppen wie die Muslimbruderschaft unterstützen dieses Narrativ. Das spornt die Jugendlichen an, ihre vermeintlich schlechte soziale Stellung durch gewaltbereiten Widerstand aufzuheben, und gibt jenen Personen ein effektives Werkzeug in die Hand, um gegen die Gesellschaft zu rebellieren. Das Narrativ der Opferrolle wird weltweit verbreitet und generiert Angst und Gewalt. Die Imame erzählen in ihren Reden und Predigten oft vom Paradies, vom auserwählten Volk, von der ungeheuren Größe und Macht, die die Muslime einmal hatten, aber auch von den Demütigungen des Westens an den Muslimen.[166] Diese Mixtur aus Opferhaltung und Rachegelüsten, wie es *Hamed Abdel-Samad* zusammenfasst, stellt der Nährboden für den Islamismus und Extremismus dar.[167] Vermengt mit der Befreiungsideologie der Muslimbruderschaft und der jihadistischen Theologie des Todes wird der Terrorismus weltweit gerechtfertigt. Letztlich können Jihadisten nur gewinnen. Entweder sie sterben in der Schlacht als Helden, als Märtyrer und gelangen somit bevorzugt in das Paradies, oder aber sie erreichen ihre Ziele und können weltweit ein Scharia-konformes Kalifat erreichen.[168] Die Rhetorik dieser Denkweise ist grundlegend einfach wie effektiv, letztlich können die Muslime nur gewinnen, und auf jedem Weg wartet letztlich das Paradies.

3.6. Auf in den Jihad – Österreicher im Kalifat

Der Grund, warum es Österreicher nach Syrien zog, sind vielfältig. Motive können in einer panislamischen Vorstellung oder einem persönlichen jihadistischen Bedürfnis gefunden werden. Dazu kommen das Überlegenheitsgefühl und die direkte Machtausübung über die Feinde des Islams. Hierbei spielt die Vorstellung der totalen Befreiung aus der Unterdrückung und das Bedürfnis nach Rache eine große und entscheidende Motivationsrolle. In der panislamischen Vorstellung bildet Syrien den Ausgangspunkt des totalen Krieges gegen die Ungläubigen und die Eroberung europäischer Gebiete. Nach einem Hadith soll die apokalyptische „Endschlacht" (*al-Malhama al-Kubra*) zwischen den wahren Muslimen und den Feinden des Islams in der syrischen Stadt „Dabiq" ihren Ausgang finden. Nach der jihadistischen Mythologie ist der Ablauf dieser Schlacht genauestens von Gott geplant. Während ein Drittel der Muslime fliehen wird, das zweite Drittel bei dem Kampf ihr Leben lassen muss, wird das letzte verbleibende Drittel über die „Römer" (Der Westen) siegen. Aus diesem Umstand heraus erklärt sich auch die Botschaft und der Aufruf vom *Michael N.* alias *Abu Dawud al-Almani*, einem deutschen Jihadisten, der seine Glaubensbrüder im Oktober 2014 aufforderte, ins Kalifat zu kommen:

> *„Oh, ihr Römer, oh, ihr Deutschen, ihr Engländer, ihr Franzosen, ihr Holländer, ihr Italiener, ihr Amerikaner, die ihr euch versammelt, um den Islam zu bekämpfen. Kommt! Wir warten auf euch. Seit über 1400 Jahren warten wir auf euch. Und das Versprechen von Allah ist wahr!"*[469]

Diesen und anderen „Rufen" folgten auch Österreicher in das Kalifat. Von dort soll der Krieg auch nach Österreich gebracht werden.

Er gehört ebenfalls zu den bekanntesten Jihadisten aus Österreich, der damals 19-jährige *Firas H.* mit tunesischen Wurzeln ist in Wien-

Favoriten aufgewachsen und befindet sich seit Mai 2014 beim „IS". Nach eigenen Aussagen ist er bei dem „Islamischen Zentrum" in Wien[170] radikalisiert worden.[171] Allerdings gibt es diesbezüglich keine offizielle Bestätigung.[172] Er soll sich hauptsächlich in der in der Stadt Rakka aufgehalten haben und dort zunächst relativ erfolglos Propaganda für den „IS" betrieben haben. Seine Versuche, auch österreichische Sympathisanten zu rekrutieren, schlugen fehl. Nachdem seine Social Media Accounts immer wieder gelöscht worden, wurde er vermutlich vom „IS" an die Kriegsfront geschickt. Die Reichweite des Austro-Jihadisten war in Österreich auf den sozialen Netzwerken bedenklich. Hunderte österreichischen Fans soll *Firas H.* auf Facebook gehabt haben, daneben auch etliche deutsche Kontakte. Es ist der fanatische Todeskult, die sich durch solche „Anti-Helden" in den sozialen Netzwerken ausbreitet. Auf einem Foto ist der vermummte *Firas H.* zusehen, wie er einen abgetrennten Kopf in einer Plastiktüte präsentiert. Auf einem anderen Foto sieht man ihn neben *Deso Dogg*. Das Foto könnte, wenn nicht die militärische Kleidung verräterisch wäre, ein Schnappschuss aus einem Abenteuerurlaub zweier Freunde gewesen sein. Die Propaganda eines *Firas H.* trifft auch in Österreich auf fruchtbaren Boden, wird geteilt und kommentiert. Stellt die Vision doch eine Coolness des Jihads dar, ein gigantisches Abenteuer, ohne „staatliche" Regelwerke, ohne Zensur und ohne „Unterdrückung". Es ist die „neue" Freiheit der Muslime, zwischen Krieg, Sex und Glaube. Eine Mischung, die Jugendliche anspricht und „verführt".

In den sozialen Medien spiegeln sich das Verhalten und die ideologische Einstellung der User wider, wenn auch verzerrt. Denn zwischen einem virtuellen Gutheißen von Attentaten und dem Durchführen eines Anschlages liegen noch Grenzen. Dennoch wird deutlich, dass der ideologische Nährboden von Gewalt und Hass auch in

Österreich tief verankert ist. Viele der Jihad-Sympathisanten präsentieren sich mit Waffen oder verwenden in den öffentlich zugänglichen Profilen IS-Symbolik. Neben dem erhobenen Zeigefinger, dem Glaubensbekenntnis in weißem Schriftzug auf schwarzen Hintergrund, gibt es auch etliche Bilder von Sympathisanten, die sich vermummt mit Waffen darstellen. Sie alle wollen Teil dieser „neue coolen Freiheit" sein, der neuen Identität der Generation „Jihad".

Auch der russischen Staatsbürger *Tamerlan S.*, wohnhaft in Innsbruck, war von dem Virus „Jihad" infiziert. Mitte des Jahres 2014 reiste er von Wien angeblich mit einem gefälschten Reisepass über die Türkei nach Syrien. Dort soll er sich dem „IS" im Kampf gegen *Bashar al-Assad* angeschlossen haben. Nach Erkenntnissen der Ermittlungsbehörden hat er auch aktiv am Kampfgeschehen teilgenommen. Im November desselben Jahrs schickte er seiner Mutter Fotos von sich in Kampfmontur und schwer bewaffnet über Whatsapp. Dabei trug er unterschiedliche Waffen und posierte vor Pickups, die vermutlich zum „IS" gehören, mit erhobenem Zeigefinger. Ein deutliches Symbol für den Einheitsglauben des Islams und in den modernen Varianten Zeichen für den faschistischen Extremismus des Islamismus. Erst nachdem *Tamerlan S.* über drei Monate verschwunden war, kontaktierte er seine Mutter über das Chatprogramm und schrieb ihr, dass er sich im Kampfgebiet befinde. Sein Symbolfoto wurde von der „IS"-Fahne ersetzt. Nach eigenen Angaben soll ihr Sohn dreimal verletzt worden sein, das erste Mal bei einem Autounfall, das zweite Mal an der Hand angeschossen, und letztlich soll er schwer im Halsbereich verletzt worden sein. Es wird nicht davon ausgegangen, dass er lebend nach Österreich zurückkehren wird.

Tamerlan S. schien ständig Probleme zu haben, hatte kein Geld und fuhr immer wieder von Innsbruck nach Wien. Die Familie hatte im ersten Tschetschenien-Krieg den Vater verloren, der als Bombenentschärfer tätig war, während seine Frau mit den drei Kindern nach Kasachstan flüchtete. Nach dem Ende des Krieges kehrten sie zurück, um erneut beim Ausbruch des zweiten Krieges über Kasachstan nach Europa zu fliehen. Erst in Österreich erhielten sie Asyl. In Wien soll *Tamerlan S.* immer wieder eine radikale Moschee besucht haben, welche ist bis heute nicht klar. Irgendwann wich er in die Moschee in der Adamgasse in Innsbruck aus, dort soll letztlich vom radikalen Imam *Abdalla* für den Jihad in Syrien radikalisiert worden sein. *Abdalla* erklärten den potentiellen Jihadisten, dass es für einen Muslim das beste sei als „Shehid" (Märtyrer) zu sterben als unter „Ungläubigen" leben zu müssen.[173] Es war ein kleiner unscheinbarer Raum zum Beten in Innsbruck, wo die Radikalisierung letztlich vollständig stattgefunden haben soll. Allmählich äußerte *Tamerlan S.* den Wunsch, nach Syrien zu gehen, dort müssten Kinder unter der Herrschaft *Assads* leiden und in Europa hätte er sowieso keine Chance. Es gebe kein anderes Land, wo er helfen könnte, weder in Tschetschenien noch in Kasachstan oder in Europa. Syrien sei das Heilige Land, dort werde auch Jesus erscheinen, und wer als Muslim rechtmäßig leben möchte, müsse auf dem Weg Allahs nach Syrien gehen.

Die Idee der Islamisten, dass Jesus als ein Befreier auftreten wird, wurde aus dem Koran entlehnt. Dort fand die Figur Jesus Eingang und stellt für die Erlösung der Muslime im eschatologischen Denken eine große Rolle. Genau wie Christen glauben auch die Muslime an die Rückkehr Jesus. In der Sure 4,159 wird von dieser Rückkehr berichtet: „*Es gibt keinen unter den Leuten der Schrift, der nicht noch vor dessen Tod (Jesus) ganz gewiß an ihn glauben wird. Und am Tag der Auferstehung wird er über sie Zeuge sein.*"[174] Nach dem islamischen Glauben wird er die „falschen" Gläubigen erkennen und mit den „wahren" Gläubigen gegen sie kämpfen. In dieser „Schlacht" wird er den „Antichristen" töten, sodass alle Menschen friedlich unter Allahs Segen leben werden können. Diese Denkfigur der Rückkehr Jesus (*Īsā*) hat im Jihadismus eine besondere Relevanz, soll dieser doch nach der Vorstellung der Jihadisten doch nach der Endschlacht der Muslimen gegen die Ungläubigen erscheinen und nicht nur den Anti-Christen (*Dajjāl*) besiegen, sondern den Islamisten zum endgültigen Sieg verhelfen.[175] Damit wäre auch der „Kampf" der Muslime vorbei und der Sieg der Muslime endgültig.

Die Biografen der Jihadisten ähneln sich, wobei erste eindeutige Anzeichen einer möglichen Radikalisierung äußere Verhaltensveränderungen sind. So auch bei *Mucharbek T.*, einer weiteren typischen Geschichte aus der jihadistischen Szene. Am 18.01.2012 ist *Mucharbek T.* nach Syrien gezogen, vorher war er auf einmal stark „religiös" geworden. Seine Klassenkollegen haben diese Veränderung gemerkt und sich Gedanken gemacht. In der „Altun-Alem-Moschee" soll er radikalisiert und für den Jihad in Syrien rekrutiert worden sein. Noch bevor er in Syrien ankommen sollte, schrieb er eine SMS mit prekärem Inhalt an einen Schulkollegen: *„Meine Brüder, ruft mich nicht an, ich bin im Flugzeug und fliege bald los."* Dem Empfänger dieser Nachricht schwante sofort etwas Schlimmes, er ging davon aus, dass *Mucharbek T.* sich bereits in einem Flugzeug nach Syrien befände. Damit hatte er Recht. Auch seine Geschichte gliedert sich „nahtlos" in die „typische Biografie österreichischer Jihadisten ein. Zunächst ließ er sich einen Bart wachsen und trug kürzere Hosen, die über den Knöcheln endeten; ein Symbol für die Zugehörigkeit zum Salafismus. Beim Beten verschränkte er seine Arme vor der Brust, ebenfalls ein Hinweis auf einen salafistischen Kontext. In seinem Umfeld soll er zwar nie direkt geäußert haben, nach Syrien zu reisen, viel mehr erzählte er davon, dass er den unterdrückten Muslimen in Syrien gerne helfen wolle. Außerdem soll er sich an der LIES!-Kampagne zeitweise betätigt haben, aus deren Umfeld viele nach Syrien in den Jihad gezogen sind. Einige Freunde waren sich auch damals schon sicher, dass *Mucharbek T.* nach Syrien will. Zunächst soll er sich in einem Ausbildungslager militärisch und theologisch ausbilden haben lassen und dann, wie er sagte, den unterdrückten Muslimen Syriens zu helfen. Nach seiner Rückkehr stieg er zum Idol der islamistischen Szene auf, bevor er verhaftet und verurteilt wurde.

Eine letzte Biografie sei noch kurz erwähnt. Am 20.06.2013 ist der türkischstämmige Österreicher *Osman K.* plötzlich verschwunden. Für ihn wurde ebenfalls die Religion wichtiger, letztlich verbot er sogar seiner Mutter den TV-Konsum.[176] Auch er verkehrte in der „Altun-Alem-Moschee" in Wien. Immer mehr drangen die Moschee und ihre Community in sein Leben ein, sie bestimmten zusehends seinen Alltag, andere soziale Aktivitäten wurden vernachlässigt. Auch sein Habitus und sein Aussehen veränderten sich laufend: langer Bart, Gebetsgewand, strenge religiöse Regeln, mit geballten Fäusten auf dem Boden betend und die knöchellange Hose. Seine Gespräche kreisten immer mehr um Religion, Diskriminierung in Österreich und den Wunsch, den unterdrückten Muslimen zu helfen. Dabei soll er gesagt haben, es *„sei schön in Syrien zu sterben"*. Aus dem Umfeld der Moschee soll die Information gekommen sein, dass die Familie froh und stolz sein kann, dass *Osman K.* sich in Syrien aufhält. Und vor allem soll die Drohung formuliert worden sein, dass die Familie keineswegs die Polizei einschalten soll.

Die Sympathisanten flogen in der Regel aus Österreich in die Türkei. Manchmal ging der Flug über Istanbul und dann mit dem Fernbus an die türkisch-syrische Grenze. Dort besitzen Sympathisanten eigene Wohnungen, die für die Jihad-Touristen bereitgehalten werden. In den Wohnungen hielten sich generell immer einige schwerbewaffnete Personen auf. Die Jihad-Touristen verbrachten kaum längere Zeit dort, entweder überschritten sie die Grenzen oder wechselten die Wohnung, bis ein Grenzübertritt möglich war. In Syrien angekommen, gab es viele Möglichkeiten und Wege. Je nach Kontaktinformationen waren es unterschiedliche Gruppen, denen sich die Jihad-Touristen anschlossen. Im Falle *M.I.*[177] wurde dieser in eine Kaserne gebracht, in der sich Mitglieder der Gruppe „*Junud Ash-Sham*" niedergelassen haben sollen. Das Verlassen der Kaserne war generell nicht gestattet, sie verließ man nur in einer offiziellen Mission oder tot. Die Kaserne befand sich auf einem kleinen Berg, umgeben von Grünflächen und vielen Bäumen. Das Hauptgebäude hatte drei Stockwerke. Das gesamte Areal war von einer Mauer umgeben. In diesem idyllischen Gelände fand auch die Ausbildung zum Jihadisten statt. Die meisten Männer waren zwischen 20- und 25 Jahre alt.

Der Weg über die „grüne Grenze" von der Türkei nach Syrien dauerte meist nur wenige Minuten und führte durch ein Maisfeld und über kleinere Hügel. Treffpunkte waren die türkischen Grenzstädte Hatay, Gaziantep, Sanliurfa oder Reyhanli. Die Einreise nach Syrien aus der Türkei war unspektakulär und illegal, manchmal patrouillierten türkische Grenzbeamtem. Auch wenn die Organisation der Reise oft anderen Personen zukam, mussten die Kosten häufig jeder selber tragen. Auch für die Versorgung musste meist selbst gesorgt werden. Ein solches Unternehmen stellt daher keinen organisierten und finanzierten Jihad-Tourismus dar, sondern es ist eine teure und auch gefährliche Reise. Ständig mussten die Jihad-Touristen mit dem Zugriff der Behörden rechnen. Dass die ausreisewilligen Personen sich der Strapazen, der Kosten, der Gefahren und des unrechtmäßigen Handelns durchaus bewusst waren, unterstreicht die Annahme, dass sie bereit waren, für den „Jihad" herrschende Gesetze zu brechen. Teilweise wurden die Kosten für diese Reise von Sammelaktionen in der Moschee organisiert, dann wieder liehen sich die Jihadisten Geld von Freunden und Bekannten oder sparten darauf. Auch von staatlichen Zuwendungen, Sonderzahlungen und der Mindestsicherung wurde der Jihad-Tourismus mitunter finanziert. Die Grenze zu Syrien wird generell streng überwacht, aber für Kosten von rund 500 Dollar übernehmen Schlepper die Organisation der Einreise nach Syrien. Diese Kontakte der Schlepper zu den Rekrutierern bestehen bis nach Österreich. Radikal-extremistische Imame organisieren die Ausreise und kümmern sich um einen problemlosen Grenzübergang.

Die tschetschenische Basis in Syrien ist zu einem Magneten für österreichische Jihadisten geworden. Die mittlerweile zerstörte Villa mit Pool wurde zum Aushängeschild des „coolen" Jihadismus und erweckte die Abenteuerlust österreichischer Jihadisten. Bilder von Jihadisten, die lässig im Pool „chillen", von großen Geländewägen, Waffen, Geld und verhüllten Frauen kursieren bis heute im Internet und verbreiten die Lässigkeit des Terrorismus. Eine andere für den österreichischen Jihadismus in Syrien relevante terroristische Gruppierung ist neben dem „IS" die „Al-Nusra Front" mit vielen Verbündeten. Es ist feststellbar, dass der Konflikt zwischen der „Al-Nusra Front" und dem „IS" zusehend auch nach Österreich transformiert wird. So soll in einigen radikalen Moscheen ernsthaft darüber diskutiert worden sein, welcher Terrorismus theologisch richtiger sei und welcher Terrorgruppe man sich eher anschließen sollte. Ein solcher Vorwurf belastet auch *Mirsad O.*, der sich dabei aber nur rein theoretisch ausgetauscht haben möchte. Dass „Al-Nusra" eine starke Bedeutung für den österreichischen Jihadismus hat, zeigt die Entwicklung rund um die „Grazer Terrorzelle". Aus dieser sollen rund acht Personen mit tschetschenischem Hintergrund nach Syrien in den Jihad gezogen seien. Diese haben sich der Terrororganisation „Al-Nusra" angeschlossen.[178] Omar al-Shishani, der rotbärtige Islamist, übernahm die Führung der terroristischen Organisation „Dschaisch al-Muhadschirin wal-Ansar" (auch: *Jaish al-muhajirin wa-l-ansar*, kurz: Jamwa) im Jahr 2012. Das hatte auch Auswirkungen auf den Jihadismus in Österreich. Auch aus Deutschland wurden Personen für diese Terrorgruppe rekrutiert. Nach Erkenntnissen der deutschen Ermittlungsbehörden soll der islamistische Prediger *Sven Lau* mit dieser terroristischen Vereinigung in Verbindung gestanden und zumindest Nachtsichtgeräte aus Deutschland geliefert haben.[179] Die internationalen Verbindungen von heimischen Moscheen, mobilen radikalen Imamen und ausländischen Terrorgruppen ermöglichte die Ausbreitung des Jihadismus und den Jihad-Tourismus.

Jihad am Riesenrad - Unterstützung für den „IS" aus Wien
https://www.profil.at/ausland/dschihad-riesenrad-die-isis-sympathisanten-oesterreich-376592

3.7. Sympathie für den IS

Das die Ideologie des Jihadismus weltweit Menschen begeistert, verdeutlich eine „Sympathie-Aktion" für den „IS". Am 19. Juni 2014 wurde von Sympathisanten die international ausgerichtete Kampagne *"One Billion Muslims Support ISIS"* auf sozialen Netzwerken gestartet. Binnen kurzer Zeit luden weltweit Sympathisanten „Unterstützungserklärungen" hoch. Diese Aktion löste weltweit eine große Resonanz aus, es wurden am drauffolgenden Tag tausende Fotos und Videos hochgeladen, die eindeutig die Sympathie für den „IS" ausdrückten. Eine Analyse des „Pew Research Center" verdeutlicht, dass weltweit schätzungsweise rund 100 Millionen Muslime den „IS" zumindest ideell unterstützen.[180] Von den knapp 1.7 Milliarden Muslimen weltweit sollen beispielsweise allein in Pakistan knapp 9% der Bevölkerung (ca. 17,8 Mio.) mit der Terrorgruppe des „IS" sympathisieren. Ein ähnliches Bild auch in der Türkei, dort sympathisieren rund 8% der Bevölkerung mit dem „IS". Am höchsten fiel die Zustimmung der Terrorgruppe in Malaysia (11%) und Nigeria (14%) aus. Einen islamistischen Terrorismus würden nach dieser Untersuchung rund 200 Mio. Muslime weltweit unterstützen, 700 Mio. bis 1 Milliarde der Muslime sind für die Einführung der Scharia. Auch wenn diese Zahlen mit Vorsicht genießen sind, repräsentieren sie dennoch einen weltweiten Trend: den der Radikalisierung islamischer Weltanschauung.

Abbildung 2, Sympatiebekung aus Österreich
Quelle: Soziale Medien

Diese Aktion der Sympathiebekundungen verdeutlichte zweierlei: einerseits, dass die islamistische Propaganda in den sozialen Netzwerken weit vorgedrungen ist und eine große Anzahl von Menschen erreichen kann, andererseits, dass es eine breite Unterstützung, zumindest Sympathie für den „IS" als Symbol einer extremistischen Ideologie gibt. Der „IS" ist heute mehr denn je auf eine funktionierende Propaganda angewiesen, die sich krebsgeschwürartig durch die Netzwerke ausbreitet. Solche und ähnliche Aktionen erhöhen nicht nur den Bekanntheitsgrad der

Gruppe, sondern dies stellt auch die erste Stufe der Radikalisierung dar. Aufbauend auf dieser grundsätzlich vorherrschenden positiven Meinung über den „IS", greifen seine Methoden der Rekrutierung umso leichter. Hier fällt die erste Hemmung gegenüber Fotos und Videos, die eindeutige Gewaltszenen des „IS" zeigen.

Im westlichen Kontext wurden vor allem selbstgezeichnete und geschriebene Unterstützungsfotos hochgeladen, oftmals sind im Hintergrund Wahrzeichen der jeweiligen Städte erkennbar. Aus Paris sind viele Fotos mit dem Eifelturm veröffentlicht worden, in England wurde gerne der Big Ben verwendet und aus Rom war besonders das Kolosseum beliebt. All das fügt sich zu einem Bild zusammen, dass der „IS" in Europa weiter auf dem Vormarsch ist. Auf einem Unterstützungsfoto aus der Chicagoer Innenstand stand geschrieben: „*Die Soldaten des IS werden hier bald durchgehen*".[181] Auch aus Österreich gab es Unterstützungserklärungen. Auf dem mittlerweile geschlossenen Twitter-Account „*AbuUmar___8246*" wurde ein selbstgezeichnetes Bild vor dem Riesenrad in Wien veröffentlicht. Ein weiteres Unterstützungsfoto stammt ebenfalls aus Österreich. Lassen sich die ersten zwei Fotos eindeutig einem österreichischen Kontext zuordnen, ist die Herkunft des dritten Fotos strittig. Im Hintergrund des dritten hier dargestellten Fotos ist eine „IS"-Fahne zu sehen, und die Aufmachung dieses Foto ist semi-professionell. Diese drei Bekundungen der Unterstützung sollen exemplarisch für eine pro-islamistische Stimmung in Österreich herangezogen werden.

Es ist davon auszugehen, dass es sich hier um Österreicher, zumindest um Personen, die in Österreich leben, handelt. Durchaus vorstellbar und sehr wahrscheinlich wird es sich um Konvertiten handeln, die die Religion als Anti-These zur westlichen Gesellschaft entdeckt haben. Konvertiten können sich aufgrund ihrer biologischen Kategorie, ihres Aussehens und ihrer typisierten Verhaltensweisen, aber auch aufgrund der legalen Papiere in ihren europäischen Heimatländern freier und unbeschwerter bewegen. Sie besitzen nicht nur Kenntnisse über die Strukturen ihrer Heimatländer, sondern können auch leichter neue Mitglieder rekrutieren. Damit verbunden ist aber auch der Symbolwert eines Konvertiten. Diese haben weitaus mehr Überzeugungskraft bei der Findung neuer Mitglieder, weil sie deutlicher die Gründe der Ablehnung des Westens aufzeigen können.[182] Die Studie des deutschen Kriminologen *Christian Pfeiffer*[183] bestätigt die These, dass muslimische Jugendliche dem Jihad durchaus zugeneigt sind und durchaus bereit wären, dafür zu kämpfen. So gaben rund 27,1% der männlichen und 32,6% der weiblichen Jugendlichen an, sich gut vorstellen zu können, im Kampf für den Islam das eigene Leben zu riskieren. Zeitgleich enthielten sich aber von den 500 befragten muslimischen Personen 284 einer Stellungnahme. Viele Muslime sind der Überzeugung, dass die Scharia über dem Grundgesetz stehen sollte und dass es generell besser wäre, würden alle Muslime in einem Kalifat leben. In der Studie von *Pfeiffer* wurden insgesamt knapp 11.000 Schüler/Innen der neunten Schulstufe in Niedersachsen befragt. Von der Gruppe der Muslime (500 Personen) Gruppe würde fast jeder Dritte für den Islam kämpfen und

Abbildung 3, Support from Austria
Quelle: Soziale Medien

knapp 4% sind davon überzeugt, dass der islamische Terrorismus durchaus gerechtfertigt ist.[184] Das verdeutlicht, wie weit verbreitet die Ideologie des Jihadismus ist und dass hier das Potential für gewaltsame Konflikte gegeben ist. Dem Extremismus der muslimischen Jugendlichen muss mit aller Konsequenz entgegnet werden, indem die Ursachen bekämpft werden und nicht nur eine breite Symptomlösung stattfindet. Aus diesem Klima entsteht Hass, Gewalt und letztlich Terrorismus.

3.8. Radikalisierungsprozesse

Der „Support für den IS" verdeutlicht ein großes sozial-gesellschaftliches Problem in Österreich, die Zunahme einer neuen „religiösen" Radikalität. Der Zusammenbruch des Kalifats in Syrien und dem Irak führte dazu, dass radikalisierte Personen nicht mehr in ein Kalifat reisen können, sondern sich weiterhin in Österreich befinden. Darauf weist auch *Albayati* hin, denn die Anzahl der radikalisierten Muslime steigt stetig.[185] Die Zunahme der Radikalität in Österreich hängt eng mit dem Einfluss islamistischen Gruppen zusammen. Eine Zunahme von Homosexualität-Phobien und antisemitischen Einstellungen, ein Frauen-abwertendes Verhalten und ein antidemokratisches Verständnis sind die sichtbaren Resultate der islamistischen Weltanschauung. Das Ergebnis werden vor allem eine Zunahme der sexuellen Gewalt gegenüber westlichen Mädchen und Frauen, das Entstehen von Gangs mit Migrationshintergrund und Verbindungen zur organisierten Kriminalität, steigende Gewaltbereitschaft untereinander und steigende Angriffe auf Vertreter der Staatlichkeit sein. Österreich muss sich mit diesen Fragen endlich offen auseinandersetzen, es bedarf einer breit geführten Debatte. Eine ohne Emotionen und Populismus stattfindende Debatte über den Islamismus in Österreich, gemeinsame Werte und eine Leitkultur stellt die ethische und politisch-gesellschaftliche Herausforderung dar.

Islamistische Tendenzen führen immer wieder zu offenen Konflikten, vor allem im öffentlichen Raum. An der „Austrian International School" in Wien wurde ein Musiklehrer auf Druck der Eltern durch die Schule gekündigt, weil dieser das im österreichischen Schulplan verpflichtende Schulfach Musik unterrichtete. Die Mehrheit der dortigen Schüler/Innen vertraten die Ansicht, dass Musik etwas „Schlechtes" sei. Eine Meinung, die aus traditionellen Familien und Moscheen in die Gesellschaft getragen wird. Nach dem fundamentalistischen Islamverständnis gilt Musik als „Haram", als verboten. In diesem Kontext sind nur „Naschid", rein gesungene nicht instrumental gespielte religiöse Lieder erlaubt. Dieses fundamentalistische Verständnis ist das Ergebnis des Einflusses von Gruppen wie der Muslimbruderschaft und des puritanischen Islams des saudischen Wahhabismus. Die „Austrian International School", die sich vor kurzen noch „Al Azhar" nannte, kann sich großer Beliebtheit erfreuen und bietet islamische Ausbildung vom Kindergarten bis zum Oberstufenrealgymnasium an. Die Einstellung der Eltern kann teilweise als fundamentalistisch verstanden werden, deren Druck färbt auch auf die Schule ab. Aus dem Umfeld dieser Schule mit Öffentlichkeitsrecht sind auch jihadistische Beteiligungen bekannt geworden. Mindestens ein Schüler soll nach Syrien gegangen sein und sich dem Kalifat angeschlossen haben. Dieser ist mittlerweile bereits nach Österreich zurückgekehrt und am Grazer Strafgericht verurteilt worden. Diese Schule hat bis heute einen mehr als zweifelhaften Ruf. Der „IS" und seine Sympathisanten hätten sich hier ungehemmt ausbreiten können, selbstbewusste Schüler sollen vor dem Schulgebäude mit erhobenem Zeigefinger posiert haben, extremistische Eltern sollen massiv Einfluss genommen haben[186], und letztlich geistert der Hinweis auf eine Zwangsheiratet herum. Aus diesem Umfeld von islamistischen Wertvorstellungen, fundamentalistischer Weltanschauung und autoritären Familien und Erziehungsmethoden können Islamisten leicht neue Anhänger rekrutieren. Nicht nur vor Schulen rekrutieren Islamisten, sondern auch in den Schulen wird das Klima rauer. Solche Schulen tendieren immer mehr zu kulturellen Konfliktfeldern, wobei Nicht-Muslime von traditionellen Muslimen immer stärker unter Druck gesetzt werden. Dabei herrscht in den radikalen Kreisen die Meinung vor, dass Ungläubige weniger wert sind. Im jihadistischen Denken spitzt sich diese Meinung zu einer gewaltbesetzen Vorstellung zu.

Die Meinung, dass Ungläubige durchaus getötet werden dürfen, ist in der islamistischen Szene weit verbreitet. Juden werden als Affen und Christen als Schweine beschimpft. Beides ist direkt aus dem Koran abgeleitet.[187] In diesem Klima der Ablehnung der Mehrheitsgesellschaft ziehen sich die Muslime zurück, sie bestätigen dadurch ihre vorgefertigte Meinung, dass die Gesellschaft Muslime tendenziell diskriminiert und ausgrenzt. Dabei ist die Ausgrenzung das Ergebnis eines fundamentalistischen Islamverständnisses, der direkt aus dem Koran entwickelt wird: *„O ihr, die ihr glaubt! Nehmt nicht die Juden und die Christen zu Beschützern[188]. Sie sind einander Beschützer. Und wer sie von euch zu Beschützern nimmt, der gehört wahrlich zu ihnen. Wahrlich, Allah weist nicht dem Volk der Ungerechten den Weg."*[189]. Damit können Muslime ihren bewussten Rückzug in ihr eigenes kulturelles Milieu begründen. Wenn nur muslimische Freunde akzeptiert werden können, dann besteht gegenüber Nicht-Muslimen Ablehnung oder zumindest eine gewisse Skepsis. Ein solches Verhalten behindert auch eine mögliche Integrationsarbeit. Die Religion wird zu einem Katalysator der geführten „Ausgegrenztheit" und „Entfremdung". Wer ein solches islamistisches Selbstverständnis zulässt, wer nichts unternimmt, wenn salafistische Gruppen ihr fundamentalistisches Weltbild verbreiten, wenn in Moscheen abwertend über Christen und Juden gesprochen wird, wenn der Jihad als etwas „Heiliges" verstanden wird, der braucht sich nicht wundern, wenn sich aus diesem Kontext heraus Gewalt entwickelt. Es ist die Provokation der Macht der „Machtlosen", die mit Gewalt reagieren und die offene Gesellschaft angreifen. Es sind vereinzelte „Störaktionen", die zu einem Flächenbrand werden können. Noch ist die Macht der islamistischen Gemeinschaft, der „umma", relativ schwach, aber sie wächst laufend an. Nicht nur durch eine demografische Veränderung, sondern vor allem, weil der Rechtsstaat dem Islamismus meines Erachtens falsch begegnet.

Eine Radikalisierung muss als ein fortschreitender Prozess der schrittweisen Abkehr von der Gesellschaft verstanden werden, der immer mehr mit dem Bedürfnis diese zu bekämpfen vermengt wird. Im Verlauf einer Radikalisierung verändert sich das Denken und das Handeln der Person, als Referenzrahmen der „neuen Werte" wird das traditionelle Islamverständnis herangezogen. Hier werden alte Feindbilder und die im Islam latent vorhandene Gewalt reaktiviert. Eine immer größer werdende muslimische Minderheit radikalisiert sich zusehen und strebt nach Machtanspruch.

Es lassen sich grob vier Phasen der Radikalisierung identifizieren.

Unzufriedenheit

Immer wieder ist von Angeklagten eine große Unzufriedenheiten der eigenen Lebenssituation beschrieben worden.[190] Darunter waren Gefühle der „Entwurzelung", der „Diskriminierung", „mangelnde Akzeptanz" oder „soziale und berufliche Misserfolge. In der Phase der Suche nach der eigenen Identität der Jugendlichen, sind diese besonders anfällig für sinngebende Programme der Islamisten. Diese Phase kann noch nicht als Radikalisierung verstanden werden, höchstens als eine „Pre-Radikalisierung", weil extremistische Lehrmeinungen von den Betroffenen gerne angenommen werden. Sie fühlen sich bestätigt und wollen ihren Unmut ausdrücken.

Identifikation

In dieser Phase schließen sich Jugendliche einer oftmals „starken" Gruppe an, die ihnen Halt, Sicherheit und das Gefühl gibt, etwas Besonders zu sein. Die dort gelebten Ideale, Meinungen und Verhaltensmuster werden häufig unreflektiert übernommen. Die Jugendlichen übernehmen die dort gelebten Werten und beginnen diese auch nach außen zu tragen. Das drückt sich vor allem durch die bereits erwähnten Veränderungen des Habitus und dem Bedürfnis des Missionierens aus. An dieser Stelle muss bereits von einem Prozess der Radikalisierung gesprochen werden, weil hier die extremistischen Werte bereits gelebt werden.

Ideologisierung

Durch Kontakte in den Gruppen mit radikalen Ideologen, salafistischen Imamen und bekannten Jihadisten wird die Ideologie des Islamismus verbreitet und verfestigt. Das geschieht in den „Hinterhofmoscheen" und im Internet, in radikalen Foren und durch jihadistische Propaganda. Ein Angeklagter erzählte: „*Wir schauten gemeinsam Videos an. Von toten Kindern, die von den Amerikanern getötet wurden. Das ging mir sehr nahe. Ich musste etwas tun.*"[191] In dieser Phase wird die Vorstellung der umma als die „beste Gemeinschaft der Muslime" verfestigt und die Notwendigkeit der Verteidigung aller Muslime gegen Unterdrückung und Verfolgung bestärkt. Es kommt zu einer verstärkten Identifikation mit den Werten und Zielen der Islamisten und zur Entfremdung zur Mehrheitsgesellschaft. Auf diesem Weltbild bauen Ideologen ihr jihadistisches Programm auf und stiften zum Terrorismus als notwendige Verteidigungswaffe an. Damit wird die Anwendung der Gewalt ein legitimes Mittel zur Erreichung des utopischen Ziels eines Kalifats. Der Jihad als religiöser Krieg wird immer mehr zur höchsten Pflicht.

Mobilmachung

In der letzten Phase der Radikalisierung entwickelt sich endgültig die Bereitschaft zur Teilnahme an terroristischen Aktionen. Die Gruppe vermittelt dem Einzelnen nicht nur ein Dazugehörigkeitsgefühl, sondern ermuntert ihn auch dazu. „Spirituelle Führer" und „Freunde" bestätigten laufend die radikalen Ansichten. So sollen Syrienreisende die Bewunderung der Peergroup bekommen haben und die Rückkehrer aus dem Kampfgebiet sollen in der Szene Bewunderung für ihren Mut und Tapferkeit bekommen haben.[192]

Eine effektive Anti-Terrorstrategie muss bereits an den beiden ersten Phasen ansetzen, und gefährdete Jugendliche besser vor den radikalen Einflüssen der Islamisten zu schützen. Islamistische Programme und Gruppen, die vor allem die Aktivitäten der zweiten Phase ausmachen, müssen verboten werden, damit ihr Einfluss zurückgedrängt werden kann und aus Unzufriedenheit keine Gewalt wird.

3.8.1. Auswirkungen der islamistischen Radikalität

Diese Ideologie findet breiten Zuspruch bei vielen Jugendlichen. Bereits in den Schulen werden Jugendliche gezielt von „IS"-Sympathisanten angesprochen und rekrutiert. Die Zunahme dieses Phänomens ist seit 2014 zu beobachten. Dabei seien nach APA-Meldungen besonders beliebte Plätze der Rekrutierung in Wien-Favoriten, der

Donauinsel auf der Höhe Reichsbrücke, dem Handelskai, der Jägerstraße oder der Simmeringer Hauptstraße zu finden.[193] Die Anwerber sprechen Deutsch, Arabisch und Türkisch. Man trifft sich gemeinsam und schaut bestimmte „IS"-nahe Videoclips an, konsumiert Berichte über die Diskriminierung der Muslime weltweit, die Verpflichtung der Muslime für eine notwendige Befreiung und über den „wahren" Islam.

Dabei ist der radikale Islam in Österreich in vielen Fällen „hausgemacht" und nicht das reine Importprodukt radikaler Gruppierungen. Nicht nur in den islamistisch-salafistischen Moscheen weltweit wird die grundlegende Basis der jihadistischen Ideologie gelehrt und gepredigt, sondern ein solches Islamverständnis ist auch Teil des österreichischen Islams. Ausgehend vom islamistischen Faschismus, der vor allem in einer dichotomen Welterklärung von Halal und Harem, von Ungläubigen und Gläubigen basiert, wird der Hass auf Juden, Christen und Andersgläubige kultiviert. Wenn Imame, auch mitten in Europa, in ihrer Predigt Allah bitten, Juden und Christen zu töten und die Muslime zum Sieg zu verhelfen[194], dann braucht man sich nicht wundern, dass aus diesem Bereich Gewalt und Terror generiert werden. Ein weiteres wichtiges Element besonders hinsichtlich Radikalisierungsprozesse ist der Umstand, dass es nach der Meinung der Islamisten in der Regel den Frommen schlechter geht als den Sündern. Dieser Entwicklung stellen sich die Fundamentalisten entgegen, um das Böse der Mehrheitsgesellschaft zu verhindern und zurückzudrängen. Um die gottlose Gesellschaft zu retten und zu verändern, sind die Fundamentalisten genötigt, sich an die Mehrheitsgesellschaft anzunähen und deren Instrumente weitgehend zu verwenden, damit sie auf diesen Kanälen die sündige Gesellschaft überhaupt erreichen können. Dazu bewegen sich die Islamisten innerhalb der legalen Aktivitäten, bilden politische Gruppen, sogar

Parteien und üben so Einfluss auf die Politik und die Gesellschaft aus. Diese Verbindung ist eine notwendige und vorübergehende Symbiose, denn das Ziel besteht darin, die falsche Gesellschaft zu zerstören.

Laut dem Verfassungsschutz sind von 19 Moscheen in Graz acht als islamistisch einzustufen, mit klaren Tendenzen der Radikalisierung.[195] Die meisten der Jihadisten aus Österreich sind im Umfeld von Moscheen radikalisiert und angeworben worden. Solange radikale Imame und islamistischen Moscheen offen ihre Weltanschauung verbreiten können, wird die jihadistische Szene weiterhin ihren Reiz bewahren können. Extremistische Gruppen, die vor allem im Untergrund agieren, können sich dort nur so lange bewegen, wie es entsprechende Unterstützung gibt. Die kann einerseits durch einen starken Rückhalt in der Bevölkerung bzw. der eigenen Peergroup gegeben sein, gerade in sozioökonomisch schwachen Gesellschaften, wo extremistische Gruppen humanitäre und karikative Aufgaben übernehmen, kommt es zu einer starken Sympathie. Es wundert daher kaum, dass in Österreich überall Tendenzen von Parallelgesellschaften erkennbar sind. Noch befindet sich diese Entwicklung in ihrer Genese, was aber, wenn daraus ein starker politischer Akteur wird? Wenn islamistische Parteien gebildet werden, um den öffentlichen politischen Diskurs mitzubestimmen und islamische Wertvorstellungen durchzusetzen? In Europa sind die Islamisten vor allem bei den Universitäten, den Intellektuellen, den Demonstranten und dem alternativen Milieu auf offene Ohren und Arme gestoßen.[196] Dabei kam ihnen die NS-Zeit zugute, vor allem in Deutschland breitet sich das Gefühl aus, etwas falsch zu machen, wenn man Muslime zensiert und keine „Fremdenliebe" zeigt.

In den islamistischen Institutionen finden Radikalisierung und schleichende Unterwanderung Österreichs statt. In diesen extremistischen Moscheen und islamischen Vereinen wird direkt für den Jihad und ein Kalifat in Österreich geworben, islamistische Werte werden verbreitet und die Mehrheitsgesellschaft abgelehnt. Solche Gruppierungen sind nicht nur untereinander, sondern vor allem auch mit dem Ausland bestens vernetzt. Ihr erklärtes Ziel ist die Bekämpfung der liberalen Grundordnung und die Ersetzung dieser durch eine auf der Scharia basierten Rechts- und Gesellschaftsform. Verbindende Elemente der unterschiedlichen extremistischen Strömungen sind die fundamentalistische Auslegung des Islams, enge, persönliche Kontakte zu radikalen Extremisten und vor allem traditionelles Clandenken. Die strenge Abtrennung innerhalb einer Moschee in einen Männer- und einen Frauenbereich ist eine von Saudi-Arabien übernommene Praxis. Es wundert kaum, wenn gerade extremistische Moscheen eine solche Trennung fordern und einhalten. Diese Abwertung der gläubigen Frau darf aber in Europa nicht angewendet werden, Männer und Frauen sind gleichwertig und müssen auch dementsprechend so behandelt werden. Der Koran macht aber deutliche Unterschiede bei der Behandlung von Frauen und Männern. Ein solches Islamverständnis muss aufgebrochen werden.

Aus der Praxis von Schulen sind religiöse Konflikte mit der islamischen Community ein bedeutendes Problem geworden. Bereits Jugendliche und Kinder weisen fundamentalistische Ansichten auf und tragen einen „Kulturkampf" im Klassenzimmer aus. Ein schriftlicher Hilferuf der Lehrer/Innen der „Gemeinschaftsschule Saarbrücken-Bruchwiese" mit rund 350 Schüler/Innen bestätigt die Zunahme einer Radikalität in der Schule. Die Gewalt gegenüber den Lehrpersonal durch Schüler/Innen habe massiv zugenommen. Viele der „Problemkinder" hätten einen Migrationshintergrund.[197] Auch die Berliner Studie *Erfahrungsberichte aus dem Schulalltag* verdeutlich die zunehmenden Konflikte mit muslimischen Schüler/Innen. Der religiöse Druck und Einfluss der salafistischen Vereine nehmen laufend zu, besonders auf junge Mädchen macht sich das bemerkbar. Immer öfter wird versucht, eine strenge Bekleidungsordnung bei den Mädchen durchzusetzen und das Verhalten der Mädchen gegenüber anderen männlichen Klassenkollege zu regeln. Weibliche Lehrkräfte werden respektlos behandelten und als Lehrpersonal abgelehnt.[198] Die Zunahme einer frühen Radikalisierung bei Kindern und Jugendlichen ist Ausdruck und Symbol ihres sozialen Umfeldes, das zusehends von islamischen Vereinen und Imamen bestimmt wird. Die Meinung von Imamen wiegt mitunter schwerer und nachhaltiger als das Wort der Lehrer/Innen. Gerade das Bedürfnis der Welterklärung wird von radikalen Imamen gestillt, was eigentlich die Eltern, Freunde oder die Schule hätte tun sollen. In dem Moment, in dem es den Jugendlichen langsam dämmert, in welche Situation sie sich befinden, ist es auch schon fast zu spät. Dann sich zurückzuziehen schafft kaum mehr jemand. Viel zu verstrickt sind sie bereits in diesem Umfeld[199] und der Ausstieg hätte durchaus auch soziale Konsequenzen.

Dabei ist das Sympathisieren mit Terrorgruppen keinesfalls Grundlage des Erziehungsmodells der Eltern, sondern es ist die patriarchale und fundamentalistisch-traditionelle Islamauslegung der tradierten Quelle des Islams, welche den Nährboden für Ablehnung der Mehrheitsgesellschaft bietet. War das bei den Nazis die dichotome Unterscheidung von „Arisch" und „Jüdisch", ist der neue Faschismus getragen von der radikalen Verkürzung auf „Gläubig" und „Ungläubig". Es ist die Wiederholung eines im deutschsprachigen Raum gut bekannten Musters, der Entwürdigung und Entmenschlichung der Anderen. Frauen und Mädchen gelten in dieser Ideologie als minderwertig und unrein. Bereits die Verweigerung des Handreichens als „vereinbarte" soziale Norm im Westen verdeutlicht die Ablehnung nicht nur der Frau, sondern der herrschenden Werte. Das Gleiche gilt in Bezug auch auf die Verschleierung, das Stellen der Scharia über das herrschende Gesetz und das Durchsetzen islamisch-religiöser Riten wie das fünfmalige Beten in einem öffentlichen Raum. All das sind Kennzeichen eines Widerstandes gegen die Gesellschaft und Provokation der Macht der Islamisten. Es gelten kaum österreichische Normen, sondern lediglich islamische Gepflogenheiten in diesen subkulturellen Bereichen. Die Zunahme der Radikalität und Ablehnung der westliche Werte unterstreicht auch die von *Ednan Aslan* im Namen der Stadt Graz durchgeführte Studie unter islamischen Flüchtlingen.[200] Mit dem Zuzug islamischer Flüchtlinge in die steirische Hauptstadt hat sich auch die religiöse Zusammensetzung der Muslime verändert. War Graz vormals mehrheitlich sunnitisch geprägt, sind fast die Hälfte der neuen Bürger/Innen dem schiitischen Islam zuzuordnen. Es wird daher damit zu rechnen sein, dass die Anzahl der schiitischen Moscheen in Graz wachsen wird, aber auch Spannungen zwischen Sunniten und Schiiten könnten zunehmen. In diesem Zusammenhang überrascht es, dass die meisten Flüchtlinge (69,4%) den Weg in die heimischen Moscheen sehr schnell gefunden haben, auch islamische tradierte Lebensweisen besitzen einen hohen Stellenwert. Für 66,3% muslimische Frauen ist es eine Pflicht, ein religiöses Kopftuch zu tragen, etwas weniger als die Hälfte der befragten Frauen (44,3%) sind der Meinung, dass zur Begrüßung Männern nicht die Hand gereicht werden sollte.

Auch wenn rund 76% der Befragten die Demokratie als eine ideale Regierungsform betrachten, befürchten doch 44,5% einen massiven

Sittenverfall in den westlichen Ländern. Homosexualität wird weitgehend abgelehnt (51,7%), und etwa ein Viertel (44,2%) findet Gewaltstrafen bei Frauen, die beim Fremdgehen erwischt werden, als berechtigt und befürworten eine „schwarze Pädagogik" (43,3%) eines autoritären Vaters mit Gewalt in Erziehungsfragen. Rund die Hälfte sind der Meinung, die Christen seien vom „rechten Weg" abgekommen (47,2%) und die Mehrheit (55,2%) glaubt fest an die phantastischen Bilder der Höllenqualen für „Ungläubige". Eine Gefahr für den Islam bei einer kritischen Auseinandersetzung, bei Aufklärung und Reformen sehen knapp 43,3%, und fast genauso viele (44,2%) empfinden die jüdische Religion als schädlich. Diese Daten verdeutlichen, dass islamistische Werte, antisemitische Grundtendenzen, abwertende Haltungen gegenüber Andersgläubigen verbreitete Denkfiguren darstellen. Der Islam wird als ein Maßstab richtigen Handels in vielen Fällen herangezogen, auch wenn knapp 57,3% der Meinung sind, dass der Islam nicht in allen Rechtsfragen recht hätte, hat die Religion einen sehr hohen Stellenwert. Diese alarmierende Studie verdeutlicht die großen Problematiken und zukünftigen ethischen Herausforderungen. Wenn die westlichen Werte und Lebenskonzepte nicht angenommen werden, besteht die berechtigte Sorge, dass diese nicht nur abgelehnt, sondern auch bekämpft werden. In Verbindung mit dem „heimischen" islamischen Extremismus kann die Situation sich weiterhin verschärfen, gerade dann, wenn in der Fremde die eigene Kultur und/oder Religion als Anker verstanden wird. Aus Angst vor einem möglichen Verlust werden die eigenen „sicheren" Werte gegen Kritik immunisiert.

Da passt auch die Erkenntnis herein, dass immer mehr Jugendliche sich von den demokratischen Werten und Vorstellungen der westlichen liberalen Lebenseinstellung entfernen und immer weniger für Mitglieder (Verwandte, Freunde, Beamte, Lehrer, Polizei, Sozialarbeiter, etc.) erreichbar sind. Diese „Generation Allah" richtet ihr Leben streng nach dem islamistisch-radikalen Fundamentalismus aus.[201] Schulen, Moscheen, die Straße oder islamische Vereine sind generell keine Orte, an denen Demokratie, Gleichberechtigung gelehrt werden oder kritische Dialoge stattfinden. Vielmehr herrscht hier ein asymmetrisches Machtverhältnis vor. Ansehen, Anerkennung, Ehre und Respekt spielen dabei eine große Rolle. Radikalisierungsvorgänge finden an unterschiedlichen Orten statt; so können beispielsweise Sportklubs oder öffentliche Parkanlagen genannt werden. In den meisten Fällen spielen das unmittelbare Umfeld (z.B. die Peergroup bei Jugendlichen und jungen Erwachsenen) der Personen sowie charismatische Persönlichkeiten bzw. ideologische Anführer eine relevante Rolle im Radikalisierungsprozess. Die radikalen „Predigten" sowie die Verwendung von einschlägigem Propagandamaterial erfüllen eine gemeinschaftsstiftende und zugleich eine politische Funktion. Die Beziehung der radikalisierten Personen zu den anderen Gruppenmitgliedern sowie die Annahme der salafistisch-jihadistische Ideologie tragen zur Bildung einer (neuen) Identität bei und ermöglichen die Identifizierung mit der Gruppe (Gruppenidentität). Die Selbstmarginalisierung bzw. der Bruch mit dem gewohnten sozialen Umfeld und die Abschottung innerhalb eines geschlossenen Kreises bzw. innerhalb der Gruppe fördern maßgeblich die polarisierende Wirkung der radikalen Ideologie. Vor allem junge männliche Muslime sowie vereinzelt Konvertiten werden weiterhin von einer potenziellen Radikalisierung betroffen sein. Da vom Phänomen der Radikalisierung vor allem Jugendliche bzw. junge Erwachsene betroffen sind, spricht man auch von einer Art „Jugend-" bzw. „Protestkultur" oder von „Pop-Jihadismus".[202]

In der extremistischen islamistischen Jugendszene sind eine Bewaffnung, aber auch Symbole von Terrorgruppen weit verbreitet. „IS" und Al-Qaida Symboliken sind in der Szene zur Normalität geworden.[203] Viele junge Menschen mit einem Migrationshintergrund, welche aus welchen Gründen auch immer in der westlichen Gesellschaft gescheitert sind, sind besonders für Radikalisierungen gefährdet.[204] Auch wenn es viele solcher „gescheiterten Existenzen" in Europa gibt, ist dies aber noch kein eindeutiges Indiz für die Entscheidung, in den Jihad zu ziehen. Es müssen einige Punkte noch dazu kommen. Muslime sind auch in Österreich in unterschiedlich stark ausgeprägte autoritäre und patriarchale Familienstrukturen eingebunden. Der Übergang zu einer extremistisch-autoritären Ideologie und zu einem daran folgenden Gruppengefühl ist daher leichter. Vor allen Personen aus der bosnischen, tschetschenischen oder türkischen Community sind anfällig für die extremistischen Lehren der Salafisten. Aus ihrem soziologischen Umfeld und den Herkunftsländern sind autoritäre Modelle vorherrschend.

Die „Kulturkrieg" wird nicht an den nationalstaatlichen Grenzen geführt oder zwischen dem Westen und der islamischen Welt, sondern entbrennt immer mehr in den Großstädten Europas. In den Subkulturen, an der Peripherie der Parallelgesellschaften werden die öffentlichen Plätze zum „Kampfplatz" säkularisierter Mitbürger/Innen und aufstrebender Islamisten. Die so genannten „No go Areas" sind nur der Überlegenheit der Islamisten in diesem „Kampf" des Raumes zu verdanken. Es ist vor allem ein ideologischer Konflikt um Deutungshoheit, politische Macht und Kontrolle. *Ahmad Mansour* weist auf diese Entwicklung hin, denn es sieht an sehr vielen Orten, wo vermehrt Muslime wohnen, so aus, dass sich in Begegnungsstätten die Jugendlichen teilweise stark radikalisieren. Radikalisierung, soziale Abschottung und religiöser Fundamentalismus sind besonders unter der jungen muslimischen Generation auf dem Vormarsch.[205] Die Abschottung von der Mehrheitsgesellschaft ist prinzipiell keine problematische Entwicklung, sofern die Rückbindung in die Gesellschaft weiterhin besteht und diese nicht zum Feind erklärt wird. Sofern diese Abschottung aber aus ideologischen, antiwestliche Gründen geschieht, ist die Spaltung der Gesellschaft langfristig erwartbar. Eine nach traditionellem und archaischem Stammesdenken lebende Subkultur errichtet eine geistige Mauer.[206] Innerhalb dieser ideologischen „Blase" entwickelt sich eine Subkultur, in deren Raum die Nachkommen deshalb schon benachteiligt werden, weil sie kaum Aufstiegschancen erhalten. Das Verbot, in die Mehrheitsgesellschaft zu wechseln hemmt daher die Entwicklung dieser Subkultur, und ihre Mitglieder bleiben weiterhin hier gebunden. Ein Austreten aus dieser relativ geschlossenen Gemeinschaft wird generell sanktioniert. Der so genannte „Ehrenmord" an islamischen Mädchen die sich der westlichen Kultur hin öffnen und einen nichtmuslimischen Freund haben, stellt die Spitze des ideologischen Verhaltens darstellt. Ohne eine Öffnung bestätigt sich die Ideologie dieser Gruppe ständig selbst. Solche Bezirke gibt es in beinahe jeder großen Stadt in Europa. Hier schlägt die Integration vollkommen fehl. Solche auf der islamisch-religiösen Tradition basierenden parallelen Strukturen sind die Basis für den islamischen Extremismus.

3.9. Der Einfluss islamischer Vereine

Aber nicht nur islamistisch-jihadistische Gruppen rekrutierten und verbreiten die extremistische Ideologie, sondern auch legale islamistische Vereine bewirken oft eine Verschärfung der Konfliktfelder. Jihadismus beginnt nicht erst bei der Planung einer terroristischen Tat, sondern ist in ein umfassendes ideologisches Konzept eingebettet. Es wurde bereits erwähnt, dass der islamistische Terrorismus sich aus zwei grundlegenden Denkfiguren entwickelt hat.

Einmal aus der Befreiungsideologie, die vor allem durch die Muslimbruderschaft initiiert wurde, und einmal aus der Utopie der Errichtung eines Kalifats. Das sind die zwei grundlegenden Prinzipien des islamistischen Terrorismus. Beide Denkfiguren zielen auf Beseitigung der herrschenden westlichen Strukturen ab, sie stellen die „Anti-These" zum westlichen demokratischen Staat dar. Greifen nun aber islamische Vereine eben auf diese beiden Prinzipien bzw. daraus entwickelte Konzepte zurück, sind diese nicht mehr dem österreichischen Gesellschaftsmodell vereinbar.

In vielen „islamischen" Kindergärten und Schulen mitten in Österreich wird eine Weltanschauung auf Basis des Korans und der Hadithe gelehrt. Den Heranwachsenden wird beigebracht, dass der radikale Islamismus ein funktionierendes und legales Gegenmodell zum demokratischen Staat darstellt und aufgrund der Religionsfreiheit auch gelebt werden darf. Die „Kindergarten-Studie" von *Aslan* bestätigt diese Tendenzen.[207] Dabei werden islamische Bildungseinrichtungen von Muslimen oftmals als ein „Schutzraum" vor der diskriminierenden Mehrheitsgesellschaft betrachtet.[208] Auch die Mündigkeit der Schützlinge wird nicht gefördert, sollen doch die Muslime, „alles, was sie benötigen", bereits im Koran vorfinden.[209] Gründe, warum muslimische Eltern ihre Kinder in eine „islamische" Bildungseinrichtung bringen sind u.a.:[210]

- eine Angst vor Islamfeindlichkeit,
- Angst vor Entfremdung der Kinder den eigenen Wurzeln
- angemessener Schutz und Würdigung der eigenen Religion
- religiöse Unterweisung und Koranunterricht
- ideologische Orientierung
- Halal-Essen

- wohlwollende Einstellung zur religiösen Kleidung (vor allem Verschleierungen der Frau)
- Wegfall von Sprachbarrieren
- Nähe zum Wohnort
- schlechte Erfahrung mit anderen Bildungseinrichtungen

Die meisten der oben dargestellten Gründe, warum muslimische Eltern ihre Kinder in islamische Einrichtungen schicken, unterstreicht die These, dass Muslime sich von der Mehrheitsgesellschaft tendenziell abtrennen wollen. Gründe sind vor allem in dem Religionsverständnis und der Angst vor der „Verunreinigung" der tradierten Werte begründet. Der Islam gilt vor allem für die Mütter als „[…] *Synonym für alles, was gut und erstrebenswert ist.*"[211], wobei auch der religiöse Unterricht (Koranunterricht) als ein wichtiges Element des Erziehungsmodelles verstanden wird. Die Mehrheit der islamischen Kindergärten wird von Moscheenvereinen betrieben, deren Werte von den Eltern generell hochgeschätzt werden.[212] Der Islam wird in diesem Kontext als „eine überlegene und stolze Religion"[213] verstanden, die grundsätzlich keinen Raum für Aufklärung, Reform und Europäisierung zulässt. Die in solchen Bildungseinrichtungen vertretene Weltanschauung widerspricht aber grundlegenden Wertvorstellungen des demokratisch-liberal-säkularen Staates und untergräbt diesen systematisch. Eine solche Wertvorstellung lehnt den westlichen Humanismus und die Aufklärung vollständig ab. Bereits 2008, bevor *Aslan* seine Studie zu ausgewählten islamischen Kindergärten veröffentlichte, warnte die „Initiative liberaler Muslime Österreich" (ILMÖ) vor islamischen Kindergärten und Schulen.[214] In vielen Bildungseinrichtungen bestünde ein direkter Kontakt zur Muslimbruderschaft, und neuere Erkenntnisse legen nahe, dass auch der „IS" bzw. seine Sympathisanten ihre Propaganda gezielt in islamischen Bildungseinrichtungen verbreiten.

3.10. Islamische Bildungsinstitutionen

Der in den 1960er Jahren in der Türkei verbotene *Süleymancilar-Orden* stellt die Grundlage der Union islamischer Kulturzentren dar. Der Schwerpunkt der rund 24 hier organisierten Vereine liegt auf der religiösen Erziehung, wobei die Mehrheit der Betreuer ihre Ausbildung in der Türkei erfahren haben.[215] Auch wenn diese streng-fundamentalistische Strömung nicht direkt mit der Ideologie des Jihadismus verbunden werden kann, so legt sie in ihren Grundwerten und Weltanschauungen ein stark polarisierendes Weltbild an den Tag. In ihren Räumlichkeiten gibt es teilweise geschlechtergetrennte Eingänge und neunjährige Mädchen müssen bereits Kopftücher tragen. Die Erziehung in ihren Heimen ist streng religiös. Das Verhalten der männlichen Lehrkräfte ist gegenüber Frauen traditionell abwertend, und dass hier gelebte Weltbild ist Grundlage einer fanatisch-faschistischen Ideologie. Frauen sind generell zu meiden, Juden und der Westen werden als das „Böse" verstanden. Auch wenn *Thomas Schmidinger* keine ernsthafte Gefahr hier sieht[216], die gelebten und gelehrten Werte sind Grundlage einer antidemokratischen und frauenverachtenden Ideologie. Ihre Werte und Weltanschauungen stehen oftmals dem säkularen Österreich diametral gegenüber. Und durch die Gewinnung neuer Mitglieder hat sich diese Gruppe aus einer reinen spirituellen Bewegung heraus in den öffentlichen Raum begeben.

Auch andere islamische Vereine leisten ihren Beitrag zur „Erziehung der Muslime". Der in den Räumlichkeiten der Vereine wie „ATIB" oder „Milli Görüs" abgehaltene Unterricht ergänzt die „Regel-Schulen" um theologische Inhalte, über dessen Gehalt kaum etwas bekannt ist. Die Imame sind in der Regel selten pädagogisch geschult und vertreten kaum eine aufgeklärte und säkulare Haltung. Besonders die jungen Schüler/Innen reproduzieren ungefragt und unreflektiert dieses fundamentalistische Weltbild. Hier findet man auch die Begründung, warum die Gewalt und Aggression von Schülern zunimmt. Das Aufeinanderprallen sich widersprechender Wertvorstellungen führt letztlich zu Konflikten im Westen und zur Rückkehr einer „starken" Religion.

Neben der Möglichkeit der „Bildung" in den Moscheen am Nachmittag oder am Wochenende, gibt es auch so genannten „Islam-Schulen", die eine eigenständige Schulform darstellen. In diesen islamischen Bildungseinrichtungen erfahren Schüler/Innen eine umfassende naturwissenschaftlich-religiös-theologische Ausbildung. Schüler/Innen sollen nach Abschluss der Schule gefestigt sein, für ihren Glauben einzustehen und argumentativ überzeugen zu können.[217] Das Lernen von Arabisch ist ein wichtiger Bestandteil der Bildungseinrichtungen. Viele Muslime gehen generell davon aus, dass der Koran nur in Arabisch authentisch gelesen und gelebt werden kann. Durch solche Bildungseinrichtungen wird die Spaltung der Gesellschaft vorangetrieben, weil die dort gelehrte Weltanschauung teilweise sich diametral von den westlichen Werten unterscheidet. Das führt letztlich zu starken gesellschaftlichen Seperationsprozessen. Bei der Entstehung von Parallelgesellschaften wird auch der Effekt der Abkapselung und der Zugehörigkeit verstärkt. Muslime in solchen parallelen Strukturen verlieren nicht nur immer mehr den Kontakt zur Mehrheitsgesellschaft in unterschiedlichen Dimensionen, vor allem binden sie sich immer stärker an islamistische Strukturen. Hier werden vor allem auch stereotypische Feindbilder entworfen, die durch die Familienstruktur, die eigene islamische Sozietät und durch die Moscheen verstärkt und ausgeprägt werden. *„Wie eine Deutsche"* ist ein Synonym für eine „Schlampe" geworden.[218] Auf den Schulhöfen wird „Jude" oder „Kartoffelfresser" zu einer immer aggressiver werdenden Beschimpfung, aber auch „Kuffar" wird zum

Kampfbegriff verbaler Attacken. Solche und andere Stereotypen lassen sich in der islamischen Community gehäuft finden, sie richten sich gegen Christen, Juden, Atheisten und Ungläubige. Solche islamischen Ausbildungsstätten fördern nicht die Integration, sondern können zu Abspaltung und Herausbildung von Parallelgesellschaften führen. Religiöse Weltanschauungen und islamisch-politische Inhalte werden zu strengen Abgrenzungskriterien und zum Identitätsmerkmal der Schüler/Innen. Der Islam tendiert zu einem sozialen Sprengsatz.

Aber nicht nur in den so genannten Islamschulen und -kindergärten wird die Überlegenheit der Muslime gepredigt und ein gesellschaftliches Gegenmodell entworfen. Auch bei offiziellen islamischen Religionslehrern kommt es vor, dass dieses Weltbild verbreitet wird. Der aus Syrien stammende Religionslehrer *Amir Zaidan* gab offen bei der Einreise nach Deutschland an, dass er mit der Ideologie der Muslimbruderschaft sympathisiere und auch Verbindungen zu deren Netzwerken habe. In Deutschland gründete er die „Islamische Religionsgemeinschaft Hessen", die vor allem durch die so genannte „*Kamel-Fatwa*" bekannt wurde. Nach dieser dürfen sich Ehefrauen von ihrem Heim nicht weiter als 81 Kilometer entfernen. Diese Strecke entspricht jener Entfernung, die ein Kamel durchschnittlich zwischen Sonnenauf- und Sonnenuntergang zurücklegen kann.[219] Seine radikalen Ansichten stießen in Deutschland auf starke Gegenwehr, er sah sich gezwungen, nach Österreich auszuwandern. Dort wurde er vom ehemalige IGGiÖ Präsidenten *Anas Schakfeh* als gemäßigter Muslim mit offenen Armen empfangen. Ab 2003 war *Zaidan* als Leiter des Islamischen Religionspädagogischen Instituts tätig. Die Ergebnisse dieser durchaus in Teilen fundamentalistischen Weltanschauung tragen bis heute ihre Früchte. In einer Moschee in Graz predigte ein Schüler *Zaidans*: „*Ihr lebt in einem Land, das nicht an Gott glaubt. Wie ist es möglich, dass die Nachfahren von Affen und Schweinen (Juden und Christen.) die Muslime erniedrigen? [...] Wären wir stark, hätten wir diese Leute geschlagen und hätten jetzt keinen Schmerz mehr".*[220] Hier findet die Erziehung der nächsten Generation radikaler Extremisten unter staatlichen Kontrollinstrumenten statt. Die IGGiÖ ist bis heute mit der Ausbildung von Religionslehrern beauftragt. Solche „Brandreden" verdeutlichen den Anspruch islamistischer „Eroberungsfantasien", Europa soll Teil eines globalen Kalifats werden. Dieses „Selbstverständnis" ist auch immer wieder Teil der islamistischen Lehren und Predigten in Moscheen und islamischen Vereinen. Der „Ruf" nach der Einführung der Scharia oder die Forderung nach Errichtung eines Kalifats in Österreich sind dabei die logische Konsequenz der islamistischen Vorstellungswelten.

Zu diesem „Selbstverständnis" gehört auch die Namensgebung einiger Moscheen in Europa, die zunehmend nach Märtyrern, Jihadisten oder verlorenen islamischen Gebieten benannt werden. Besonders von der Muslimbruderschaft und dazugehörigen Gruppen wird der Zusatz „Al-Andalus" verwendet. Damit beziehen sie sich auf die historische islamische Herrschaft über Nicht-Muslime in Spanien. Die folgenden Beispiele stellen nur eine kleine Auswahl von Namensgebungen dar, die einen islamistischen oder jihadistischen Hintergrund besitzen. Ich folge hier weitgehend den Hinweisen von *Albayati*.[221] Einige Moscheen in Europa bezeichnen sich selbst als eine „*Fatih-Moschee*", was problematisch ist, da damit ein Eroberer gemeint ist, der im Jahr 1453 Konstantinopel erobert hatte. Diese in Europa eröffneten Moscheen greifen daher die Geschichte der blutigen Eroberungen des „Sultan Fatih" auf und symbolisieren den Sieg über die Christen. Ein weiterer Namenshinweis zeigt sich in den „*Ayasofya*-Moscheen". Mit diesem Begriff wird auf die Hagia-Sophia angespielt, die nach der Eroberung Konstantinopel zur Moschee umfunktioniert wurde. Tragen Moscheen in Europa diesen Beinamen, symbolisieren sie die Umwandlung christlichen Eigentums in muslimische Besitztümer. Besonders im österreichischen Kontext relevant ist die Bezeichnung „*Gazi Husrev-beg-Moscheen*"[222], benannt nach einem wichtigen Feldherrn im Osmanischen Reich, der das kroatische Festland eroberte und dessen Einfluss bis heute besonders im bosnischen Sandschak zu spüren ist. Auch „*Ibn Taimīya*"[223] ist immer wieder Namensgeber für Moscheen und islamische Vereine. Dieser radikal-fundamentalistische Denker des Mittelalters war Anhänger der hanbalitischen Rechtsschule und gilt als Inspirator des modernen Salafiya-Islamismus. Seine Lehren sind bis heute Fundamente des Salafismus, gerade weil er den Selbstmord im Jihad befürwortet. Aber nicht nur mit einer Namensgebung für Moscheen und islamische Vereine wird eine deutliche Botschaft transportiert, auch „Künstlernamen" im islamistischen und jihadistischen Umfeld vermitteln eine eindeutige Botschaft. Bei der hier unvollständigen Liste „problematischer" Namenszusätze muss die Frage gestellt werden, welche Aussagen solche Vereine bezwecken? Historisch betrachtet zeigen sie eine Eroberung und Unterwerfung christlicher Länder und christlichen Eigentums dar. Solche und andere Namensbezeichnungen gelten in islamistischen Kreisen bereits als ein Code für fundamentalistische Weltanschauungen der Moscheen. Eine Verwendung der ideologisch besonders aufgeladenen Namenszusätze können durchaus als ein eindeutiges Erkennungsmerkmal der entsprechenden Institutionen verstanden werden. Somit sind diese durchaus vergleichbar mit dem elaborierten Code der Nationalsozialisten wie „88", „HH" und anderen Symbolen. Österreich sollte sich an dieser Stellte die Frage stellen, ob solche symbolträchtigen Namen mit direkten und indirekten Hinweisen auf Eroberungen, Unterwerfungen und Besiegung von Christen durch Muslime nicht die Denkfigur der Eroberung und Islamisierung Europas wachhalten.

Bei solchen islamischen Vereinen fehlt meist die notwendige Loyalität zu Österreich, ideologisch sind solche Vereine in einem illusorischen Krieg verhaftet, in einem nationalistischen und islamistischen Denken mit ihren Heimatländern. Die Loyalität besteht daher vor allem gegenüber dem Islam und ihren Heimatländern. Es muss daher besonders bei diesen Vereinen, die bereits in ihrem Namen abwertende Elemente implizieren, nachgeforscht werden, welche Organisationen hier vertreten, welche Strukturen und Vernetzungen vorhanden sind und woher das Geld kommt. Nationalistische Fundamentalisten, Anhänger einer Panislamischen Vision, Vertreter der Idee eines Kalifats und Sympathisanten des fundamentalistischen Islams erzeugen radikales Gedankengut und bedrohen den inneren Frieden. Das führt zu Konflikten und Gewalt. Wenn in Österreich Moscheen mit eindeutigen Hinweisen auf muslimische Eroberer eröffnen dürfen, ist das nicht durch die Religionsfreiheit zu rechtfertigen. Vielmehr handelt es sich um eine falsch verstandene Toleranz, die den Islamisten große gestalterische Freiheiten ermöglicht.

3.11. Die unmittelbare Gefahr durch die Rückkehrer

In einem „IS"-Propaganda-Video sieht man einen vielleicht neun oder zehnjährigen Jungen mit einer Handfeuerwaffe. Vor ihm knien zwei mit den Armen am Rücken gefesselte „Feinde". Ein älterer Mann instruiert das Kind und während im Hintergrund ein Nasheed[224] zu hören ist, zielt der Junge mit der Waffe auf den Hinterkopf der Opfer. Unter lauten „Alluha Akbar" Rufen drückt er ab, kein Gefühl des Mitleids ist zu erkennen, als die Kugel den Kopf durchbohrt und der erste Körper leblos zu Boden sinkt. Erneut zielt der Junge auf den Hinterkopf des zweiten Opfers und drückt ab. Nachdem beide Opfer hingerichtet wurden sind, strahlt das Gesicht des Jungen voller Stolz und Freude, und die ältere Person nimmt ihm lobend die Waffen ab. In einem anderen Video präsentiert der „IS" seine „Schulreform", Jungs sitzen auf Holzbänken in einem kargen Gebäude. Philosophie wurde gestrichen, sowie auch viele weltlichen Gegenstände, Biologie und Medizin sind aber weiterhin Bestandteil, zum einen um den Feind besser töten zu können, zum anderen um verletzte Kämpfer medizinisch versorgen zu können. Geschichte ist reduziert auf den Krieg des Westens gegen die Muslime, und theologische Konzepte fordern zum Krieg gegen die Ungläubigen. Bereits die Kinder lernen den Waffengebrauch, sie wissen, wie man mit einem Messer jemanden töten kann, und stolz rufen sie in die Kamera, dass sie später auf dem Schlachtfeld Ungläubige töten werden. Darunter sollen auch Kinder aus Europa gewesen sein. Im Hinterzimmer, kaum sichtbar, sitzen verschleierte Mädchen, die Kamera streift lediglich diese Szene. Diese zwei Beispiele verdeutlichen, dass der „IS" eine Umerziehung der Menschen beabsichtigt und es ihm auch oft gelang, Menschen zu „Killermaschinen" auszubilden. Kaum ein Kind würde ohne Radikalisierung ohne mit der Wimper zu zucken einfach töten. Der „neue" Mensch wird von klein auf zu dieser „Killermaschine" erzogen, hemmende psychische Strukturen wie Mitleid werden gezielt abtrainiert. Kinder sind Soldaten, sie sind kleine Terroristen, „willige Märtyrer" für den Islam. Das gleiche extremistische Narrativ vertritt auch der türkische Staatsmann *Erdogan*, der bei einer öffentlichen Veranstaltung ein weinendes Mädchen als „Märtyrer" bezeichnete.[225] Sein Einfluss in Österreich nimmt beständig über unterschiedliche islamische Vereine zu und damit auch das extremistische Narrativ einer panislamischen Vision.

Durch die Rückkehrbewegung europäischer Jihadisten kommen neben erwachsene Jihadisten auch indoktrinierte Kinder nach Europa. Es ist ein neuartiges terroristisches Kalkül, das der „IS" bereits bei vielen Schlachten effektvoll einsetzte. In Deutschland konnten bereits einige Terroranschläge von Minderjährigen verhindert werden. Die neue Generation ist jung, radikalisiert, weitgehend strafunmündig und fällt als „Verdächtige" kaum auf. Damit wird Europa in eine prekäre Situation gedrängt, Sicherheitsbehörden müssen im Notfall auf Kinder schießen. Der Krieg und der Terror sollen durch eine junge Generation weitergeführt werden. Genau das stellt eine pervertierte Strategie der Terrorgruppen dar. Kinder werden radikalisiert und angeleitet Anschläge durchzuführen.[226] Im Jihad des „IS" oder Boko Haram werden Kinder und auch Babys gezielt als menschliche Bombe eingesetzt. Es ist für die Sicherheitsbehörden beinahe unmöglich minderjährige „Bomben" zu identifizieren. Eindrucksvoll präsentierte der „IS" in einem Video eine solche bestialische Bombe. In einer belebten Straße wurde ein scheinbar ausgesetztes Baby in einem Kinderwagen gefunden. Als sich Passanten nährten und dem hilflosen Geschöpf helfen zu wollen, detonierte ein Sprengsatz und riss viele Menschen in den Tod. Übrig blieben ein zerstörter Kinderwagen, ein totes Baby, erwachsene Opfer und das ungute Gefühl der absoluten Angreifbarkeit der Gesellschaft. Wann und wo dieses Video entstanden ist, ist unklar. Nicht nur dass Kinder in Europa radikalisiert werden, es ist auch mit vielen Rücklehrern zu rechnen, die hochgradig radikalisiert und für Anschläge bereit sind. Es ist davon auszugehen, dass Terroristen kleiner und jünger werden und daher auch unscheinbarer und harmloser wirken. Es ist für die westliche Gesellschaft nur schwer vorstellbar, dass ein kleines Kind einen Massenmord verursachen kann, etwas, was im Kalifat aber laufend passierte und wofür Kinder trainiert wurden.

Aber nicht nur von den „Kindern" geht eine Gefahr aus, die weitaus größere Gefährdung ist von jugendlichen und erwachsenen Rückkehrern zu erwarten. Schätzungsweise 30% der „Foreign Fighters" aus Europa sind bereits zurückgekehrt, wobei die von ihnen ausgehende Gefahrenlage nicht genau eingeschätzt werden kann. Aus Österreich sind rund 288 Personen[227] in das Kalifat nach Syrien und den Irak gezogen oder konnten an ihrem Vorhaben daran gehindert werden. Dabei dürfte die Dunkelziffer der Personen, die wirklich in das Kriegsgebiet gezogen sind, deutlich höher liegen. Nicht alle Reisebewegungen können nachverfolgt werden, besonders dann nicht, wenn es keine Hinweise und Indizien für eine mögliche Straftat gibt. Von diesen zwei Gruppen, jene, die aus dem Kalifat wieder zurückkehren, und jenen Personen, die es erst gar nicht dorthin geschafft hat, geht eine hohe Gefährdung für die öffentliche Sicherheit aus. Rückkehrer spielen in der Strategie des „IS" eine besondere Rolle, sie sollen vor allem Netzwerke aufbauen und für die Rekrutierung neuer Mitglieder sorgen.

Gerade weil sie im Jihad gekämpft haben, für Gott und für die gemeinsame Sache der Muslime, übt das eine große Faszination auf Jugendliche aus. Der Krieg wird illusioniert, mit paradiesischen Phrasen beschrieben, aus Kriegsverbrechern werden große Helden. Jemand, der über Leben und Tod bestimmt, hat eine große Macht. Es ist der neue „Held", die epochale Figur aus dem Schlachtfeld, die mit Beute und Jungfrauen reichlich beschenkt wird. Es sind die heroischen Bilder des göttlichen Kämpfers für die Sache der Gerechtigkeit, die Begeisterung der Jugendlichen auslösen. „Gewalt" und „Sex" ist das Motto des neuen Helden, der sämtliche ritterlichen Tugenden hinter sich lässt und das Töten Ungläubiger als neue Tugend entwickelt. Jihad-Rückkehrer, denen kein strafrechtliches Vergehen nachgewiesen werden kann, können nicht inhaftiert werden und sind somit auf freiem Fuß. Die ethische Debatte, ob zum „Wohle" der Bevölkerung als „kleineres Übel" mögliche Kriegsverbrecher und potentielle Terroristen inhaftiert werden könnten, bevor sie sich einer Straftat schuldig machen bzw. diese ihnen nachgewiesen werden kann, muss endlich breit geführt werden. Das BMI schreibt in seinem Sicherheitsbericht 2015, dass beinahe von allen Syrien-Rückkehrern ein hohes Gefahrenpotential ausgeht. Rückkehrer aus dem Kriegsgebiet sind unter Umständen traumatisiert, haben eine geringe Hemmschwelle bei der Anwendung von Gewalt und können zur wichtigen Stütze der Rekrutierung neuer Mitglieder werden.[228]

Verfolgt man die Geschichte des internationalen Jihadismus, wird deutlich, dass die Rückkehrer sich mehrheitlich nicht in ihre alte Heimat integriert haben, sondern vor allem neue Konfliktfelder eröffneten. Die „ausländischen Afghanen" im Jihad gegen die Sowjetunion integrierten sich nicht mehr in ihre Heimat, nicht nur weil sie mit ihrem extremistischen Gedankengut auf Ablehnung stießen und von der eigenen Regierung als Kriegsverbrecher strafrechtlich verfolgt wurden, sondern auch, weil es dort kein „Schlachtfeld" gab. Einige tauchten auch wieder als „Mujahdin" im Kosovo, in Bosnien oder Tschetschenien auf, während etliche wieder nach Afghanistan zurückkehrten. Dort wartete nun Osama Bin Laden auf sie. So konnte Al-Qaida relativ schnell neue Mitglieder finden. Ein ähnliches Bild zeigt sich heute, nach dem Zusammenbruch des „IS", überlebende Jihadisten versuchen in ihre „alte Heimat" zu kommen. Die Syrienrückkehrer haben ihr Terrorhandwerk professionell gelernt, sie sind für unterschiedliche Anschlagsszenarien ausgebildet, kennen paramilitärische Strategien und Taktiken, besitzen eine deutlich reduzierte Hemmschwelle und sind weiterhin radikalisiert. In ihren biopsychischen Strukturen ist der Hass auf die Ungläubigen und die Gewalt tief eingebrannt.

Syrienrückkehrer sind nicht erst im Kalifat radikalisiert worden, sondern sie sind das Produkt der österreichischen Gesellschaft und des hier gelebten radikalen Islams. Sie haben mitten in Österreich ihre Radikalisierung entwickelt und sind aufgrund dessen in den

Jihad gezogen. Sie haben sich daher mehr oder weniger bewusst für den Krieg entschieden, es war zumindest eine freiwillige Handlung mit dem Ziel der Gewaltausübung. Das war jedem Jihadisten vorab bewusst, dass eine Reise ins Kalifat Gewalt und Krieg bedeutet. Auch wenn dies in humanitären Worten verpackt war, letztlich ging es um Gewalt, Sex und Macht. Bei einer polizeilichen Abhöraktion von „*Mirsad O.*" wurde die Gewaltspirale verdeutlicht. Ein mittlerweile zurückgekehrter und verurteilter Jihadist sagte nach den Abhörprotokollen der Polizei gegenüber seinem „*Mentor Mirsad O.*" aus: „*Ich bin geil auf das Abschlachten*"[229] und bezog sich damit auf die Ungläubigen im Kalifat. Hier verdeutlicht sich der „Wunsch" nach dem Ausleben exzessiver Gewaltfantasien und der totalen Entmenschlichung der „Feinde des Islams". All das sind Radikalisierungsentwicklungen, die bereits außerhalb des Kalifats stattfanden und bevor die Jihadisten ins Kalifat reisten. Diese Ideologie ist daher kein Produkt des Kalifats, sondern ein weltweites Phänomen. Im Kalifat wurde vor allem das Handwerk des Tötens gelernt und perfektioniert. Solange diese Radikalisierungsprozesse nicht unterbunden werden, wird sich durch die Rückkehrer ein explosiver neuer Gefahrenherd entwickeln. Neben der bereits heimischen ideologischen Radikalisierung werden nun konkretes Wissen aus dem Kalifat und Kenntnisse der Kriegsführung nach Österreich gebracht. Es besteht die große Gefahr, dass es zu einem „IS 2.0" mitten in Europa kommen wird.

Dass die Gefahr gar nicht so gering ist, verdeutlichen die Erkenntnisse des BKA (Bundeskriminalamt Deutschland). Demnach soll es dem „IS" gelungen sein, etliche potentielle Terroristen nach Deutschland einzuschleusen. Rund 369 Hinweise sind bei den Sicherheitsbehörden eingegangen. In knapp 40 Fällen wurde ein Ermittlungsverfahren aufgrund des Verdachtes einer Mitgliedschaft einer terroristischen Vereinigung eingeleitet.[230] Auch in Österreich ist die Gefahr deutlich vorhanden. In einem steirischen Flüchtlingslager wurde eine Person verhaftet und bereits verurteilt, nachdem diese gezielt Personen für den „Jihad in Österreich" rekrutieren wollte.[231] Aufgeflogen sei dies, nachdem sich andere Flüchtlinge beim Sicherheitspersonal beschwerten. Der Terrorexperte *Albayati* warnt davor, dass eine steigende Anzahl von Rückkehrern nicht von den Sicherheitsbehörden erfasst wird, weil die Ressourcen es nicht zulassen.[232] Von den 70 derzeit den Behörden bekannten Rückkehrern aus Syrien, sind die meisten entweder verurteilt oder sitzen in U-Haft, nur einige wenige konnte die Behörden kein strafrechtliches Vergehen nachweisen. Diese Personen werden, sofern es möglich, von den Behörden überwacht.[233] Eigentlich ist der brutale Krieg in Syrien und dem Irak geografisch weit entfernt, die Terrortaten werden aber oftmals in Europa von den Strafgerichten aufgearbeitet. Junge Männer und Frauen, die ein „One-Way-Ticket" in den „Jihad" buchten, fanden keine erlösenden Paradiesjungfrauen vor, sondern werden an europäischen Gerichten zu Haftstrafen verurteilt. Dabei irritieren die Aussagen der Rückkehrer vor Gericht immer wieder. So wird das Töten von Ungläubigen manchmal gerechtfertigt, auch das Köpfen wird nicht immer als falsch verstanden, sondern der Verhältnismäßigkeit entsprechend. Solche Äußerungen verdeutlichen, dass die Ideologie tief in der Psyche der Rückkehrer eingebrannt und das von solchen Personen eine hohe Gefährdung der gesellschaftlichen Sicherheit ausgehen kann.

Legt man die Erkenntnisse und die Entwicklungen nach dem Afghanistan-Krieg der Analyse zugrunde, wird klar, dass es sich hierbei um einen neuen möglichen Brandherd handelt. Es ist zu befürchten, dass Rückkehrer, darunter auch Kinder, sich in Europa reorganisieren und wie auf dem Balkan Tendenzen entstehen, so genannte Scharia-Bereiche zu etablieren. Einige hundert Frauen, Männer und auch Kinder sind bis jetzt nach Europa zurückgekehrt. Ob sie Anschläge planen, inwiefern sie sich beim „IS" beteiligt haben, welche Ausbildung sie erhalten haben und was ihre Ziele in Europa sind; über viele der Zurückgekehrten wissen die Behörden zu wenig. Und mit jeder weiteren Niederlage und dem Verschwinden des Kalifats werden es immer mehr Rückkehrer. Auch wenn sie dem „IS" abgeschworen haben, bleiben sie anfällig für den radikalen Extremismus. Sie können schnell zu einem Katalysator jihadistischer Tendenzen werden, gerade dann, wenn sich ihr „Heldentum" in der islamistischen Szene herumspricht. Schon heute werden Gefängnisse immer mehr zu „Brutstätten" des islamistischen Extremismus. Hier bleibt zu befürchten, dass Personen entlassen werden, die sich für einen möglichen Terroranschlag im Gefängnis radikalisiert haben.[234] Einige der Paris-Attentäter lernten sich erst bei einem Gefängnisaufenthalt kennen, *Anis Amri* soll sich in einer Haftanstalt radikalisiert haben, bevor er in den Weihnachtsmarkt in Berlin mit einem LKW raste. Haftaufenthalte können Radikalisierungsprozesse auslösen bzw. beschleunigen, hier bedarf es einer starken Kontrollfunktion zur Verhinderung weiter Radikalisierungen.

Kapitel IV – Aussicht: Die neue Phase des Terrors und Gegenstrategien

4.1. Terrorbekämpfung und Gegenmaßnahmen

Mit der militärischen Bekämpfung des Kalifats im Irak und in Syrien wird nur das territoriale Gebiet zurückerobert, der „IS" bleibt weiterhin als eine starke Denkfigur der Islamisten bestehen. Hat diese Terrorgruppe doch aufgezeigt, dass es prinzipiell möglich ist, einen „Gottesstaat" für alle Anhänger aufzubauen. Während das Kalifat beinahe vollständig zusammengebrochen ist, reorganisiert sich der „IS" vor allem dezentral und breitet sich wie ein Krebsgeschwür auf andere Länder aus. Überall entstehen kleinere Gruppe, die sich zum „IS" bekennen. Dabei muss der „IS" als ein inflationär gebrauchtes Synonym für eine herrschende und sich evolutionär weiterentwickelnde Ideologie verstanden werden. Natürlich muss der „IS" militärisch besiegt werden, aber damit ist keineswegs ein Erfolg gegen den internationalen Terrorismus garantiert. Lediglich eine von vielen Gruppen ist besiegt, die Ideologie verbreitet sich aber immer schneller aus und rekrutiert neue Anhänger weltweit. Dabei ist es dem „IS" gelungen, nicht nur ein vorübergehendes Kalifat zu errichten, er konnte auch ein Narrativ entwickeln, das weltweit Menschen begeistert und Sympathiewerte erzeugt. *Christian Emde,* ein Jihadist aus Deutschland, beschreibt den Sieg der Jihadisten über den Weg der Angst im Herzen der Feinde.[235] Damit unterstreicht er, dass der jihadistische Terrorismus weit mehr vermag als nur Terroranschläge zu verüben, vielmehr will der Jihadismus Angst und Schrecken verbreiten. Und das mit steigendem Erfolg. Immer mehr öffentliche Feierlichkeiten werden aus Angst vor Terrorismus oder wegen zu hoher Sicherheitskosten abgesagt.[236] Damit gelingt es dem Terrorismus, eine neue Figur der Angst in Europa zu verbreiten.

Im Rahmen der Auseinandersetzung besonders mit Rückkehrern aus Syrien und dem Irak wurde von den österreichischen Sicherheitsbehörden ein Fragenkatalog entwickelt, welcher den Behörden schnelle Erkenntnisse über den Werdegang der Radikalisierung und eine Einschätzung der aktuellen Gefahrenlage der Person ermöglichen soll. Darunter lassen sich Fragen wie die folgenden finden[237]:

- Sie wurden für den Jihad rekrutiert bzw. angeworben. Erläutern Sie bitte, wie die Rekrutierung bzw. Anwerbung abgelaufen ist (bei Facebook oder Internet wird ersucht, die genaue Seite bekannt zu geben, usw.)
- Wie trat der Rekrutierer an Sie heran (Telefon, Email, usw.)?

- Haben Sie mit Ihren Eltern darüber gesprochen bzw. um ihre Erlaubnis gefragt, wie es im Islam vorgesehen ist?
- Für welche Organisation sollten Sie kämpfen?

Mit Hilfe dieser Erhebung sollen Tendenzen bei Rückkehren ermittelt und auch gegebenenfalls Mitgliedschaften bei Terrorgruppen gefunden werden. Ob diese Maßnahme sinnvoll ist, bezweifle ich stark. Aus Deutschland ist bekannt geworden, dass viele Flüchtlinge eine Mitgliedschaft bei den Taliban angeben[238], wohl aus einem reinen Kalkül. Bei einer Abschiebung nach Afghanistan drohe ihnen dort der Tod, etwas was nach Maßstäben der Menschenrechte eine Abschiebung verbietet. Damit können Personen nicht in ihre Herkunftsländer abgeschoben werden, wenn ihnen dort ein Todesurteil droht. Das gleiche gilt auch für ausländische Jihadisten.

Eine erfolgreiche islamistische Terrorbekämpfung findet in Österreich nicht auf einer präventiven, sondern auf einer beinahe ausschließlich polizeilichen und juristischen Ebene statt. Die Deradikalisierungsplattformen können zwar einzelne Personen aus dem Umfeld radikaler Gruppen befreien, aber letztlich kann eine solche Terrorismusprävention nicht gelingen, weil lediglich Symptome, nicht aber die Ursachen bekämpft werden. Solange nicht die Ursache der zunehmenden Radikalität erfolgreich behandelt werden, solange wird die Gewalt zunehmen.

Im Jahr 2017 hat die EU auf die beständige Bedrohung durch den internationalen Terrorismus reagiert und auch präventive juristische Instrumente entwickelt. Die Möglichkeiten sind nun die folgenden[239]:

- Überwachungsmaßnahmen zur Risikokontrolle bzw. Minimierung;

- Konsequente strafrechtliche Verfolgung aller Unterstützer und Rekrutierer unter Ausschöpfung aller Befugnisse nach der Strafprozessordnung;
- Intensivierung der Zusammenarbeit mit den für Verfassungsschutz zuständigen Organisationseinheiten bei den Landespolizeidirektionen, z.B. zahlreiche Tagungen bzw. Arbeitsbesprechungen
- laufende Schulung und Sensibilisierung im Rahmen von Kursen und Vorträgen (Präventionsschulung, Grundausbildung für Exekutivbeamte, Spezialausbildung Verfassungsschutz und Terrorismusbekämpfung, Ausbildungen für besondere Lagen, Berücksichtigung solcher Szenarien bei den Einsatztrainings, Nutzung der Erkenntnisse und Ressourcen internationaler Kooperationspartner)
- Intensivierung der nationalen Kooperation aller betroffenen Behörden und Dienststellen, wie z.B. Asyl- und Fremdenbehörden, Betreuungseinrichtungen, Justizbehörden, Jugendwohlfahrtsbehörde
- Intensiver permanenter Erfahrungs- und Erkenntnisaustausch mit ausländischen Sicherheitsbehörden und Sicherheitsorganisationen.

Dieser erweiterte Maßnahmenkatalog gibt zwar den Ermittlungsbehörden neue Werkzeuge in die Hand, ist aber auf der Ebene der Symptombekämpfung anzusiedeln. Letztlich wird ein solches Vorgehen den Islamismus nicht bekämpfen können.

Europa muss sich gegen die Ausbreitung von islamistischen und jihadistischen Terrornetzwerken wehren. Es geht daher vor allem darum, das Entstehen eines engmaschigen Netzwerks jihadistischer

Gruppen zu verhindern, damit hier kein Terrorismus generiert werden kann. Die Verhinderung der Entwicklung solcher jihadistischen Netzwerke mit internationalen Partnern behindert aber nur den High-Level-Terrorismus, der zu Anschlägen wie 9/11 oder auf den Madrider Bahnhof führte. Auch wird dem internationalen Terrorismus und der Gefahr von Anschlagsszenerien mit „Weapons of Mass Destruction" (WMD) durch eine verstärkte staatliche Kontrolle und Überwachung erschwert. Den „Low Level Terrorismus" kann man aber mit solchen Methoden kaum effektiv begegnen. Besteht die Strategie doch vor allem darin, dass Einzeltäter spontan und ohne große Planung einen Anschlag mit „einfachen" Mitteln durchführen. Um eben solche Entwicklungen zu bekämpfen und ihnen vorzubeugen, bedarf es präventiver Maßnahmen. Europa muss die Basis des jihadistischen Terrorismus erkennen und aktiv handeln. Die Basis stellen einige islamistische Gruppen und Vereine in Europa dar. Sie predigen Hass, Gewalt, Ablehnung und den Jihad gegen die Ungläubigen. Sämtliche nationalen sowie EU- weiten Instrumente und Pläne zur Terrorabwehr haben flächendeckend versagt, weil es nur zu einer Symptombekämpfung gekommen ist. Solange islamistische Vereine weiterhin ihre fundamentalistische Weltanschauung verbreiten dürfen, ist der Nährboden des Jihads weiterhin vorhanden. Gruppen wie die Muslimbruderschaft, Milli-Görüs, Hizb ut-Tahrir, die Grauen Wölfe und andere sind keine Dialogpartner für Österreich, sie laufen den Wertvorstellungen zuwider. Sie sind Teil der ideologischen Wurzeln des Terrorismus. Solange solche Gruppen nicht als das, was sie sind, nämlich faschistisch-extremistische Gruppen, die ein Kalifat errichten wollen, eingestuft werden, solange wird Gewalt und Terrorismus einen fruchtbaren Nährboden besitzen, und nicht nur in arabisch-islamischen Ländern, sondern mitten in Europa.

4.2. Ein Verbot islamistischer Gruppen als Möglichkeit?

Wie könnte eine neue Strategie der Anti-Terrorpolitik aussehen? Bisherige Strategien haben dazu geführt, dass die jetzige Situation erst entstanden ist, daher bedarf es einer Reform der Gegenmaßnahmen. Es gibt unterschiedliche Ansätze, grundsätzlich lassen diese sich in zwei grobe Maßnahmenkataloge gliedern; einmal in ein Modell der „wehrhaften Demokratie" und einmal in eine „Europäisierung des Islams". Um den Jihadismus zu bekämpfen, müssen vor allem die Grundlagen bekämpft werden, aus dem der Jihadismus sich entwickeln kann.

Es wurde aufgezeigt, dass immer wieder Imame einen jihadistischen Islam verbreiten und für die Einführung der Scharia und ein Kalifat predigen. Es gibt einige Moscheen und islamische Vereine, die nicht mit dem herrschenden österreichischen Gesellschaftmodell harmonieren und dieses bekämpfen. In vielen islamischen Bildungseinrichtungen wird eine anti-westliche Weltanschauung verbreitet, die Ablehnung und Hass generiert. Integration wird durch einen fundamentalistischen Islam verhindert, Parallelgesellschaften entstehen. Die Anziehungsmacht islamistischer Vereine und ihren vermeintlichen Befreiungskampf der Muslime kann nur dann die Grundlage ihrer Macht und Anziehung genommen werden, wenn ihre Aktivitäten unter ein Verbotsgesetz fallen. Wenn solche Gruppen verboten werden, wird die Ideologie langfristig ihre Kraft verlieren, wobei mit einer Phase des „Widerstandes" zu rechnen ist. Bei einem Verbot bestimmter ideologischer Gruppen müssten einige Imame ihre funktionelle Rolle aufgeben und würden Teile der politischen Macht verlieren. Imame würden in diesem Kontext nur mehr als religiöses Oberhaupt eine „Gemeinde" fungieren. Das wäre eine strikte Trennung von politischen, ideologischen Einflüssen extremistischer

Gruppen und religiösen Vorstellungen, was in einem fundamentalistischen Islambild nicht vorgesehen ist. Somit wäre bereits aus den Reihen der Imame, die in der Nähe von politisch-religiösen Gruppierungen anzusiedeln sind, mit Widerstand gegen einen solches Gesetzesbeschluss zu rechnen.

Dennoch bedarf es zum Wohl der Allgemeinheit ein Verbot bestimmter ideologischer Gruppen in Österreich. Es konnte ganz konkret dargestellt werden, dass die „Mutter aller islamischen Terrororganisationen", die Muslimbruderschaft, einen starken, wenn auch nur unscharf erkennbaren Einfluss in Österreich besitzt. Des Weiteren konnte belegt werden, dass die Ideologie fundamentalistischer Gruppen Hass, Gewalt, Kampf gegen die westliche Werte und letztlich den jihadistischen Terrorismus begründen. Es wurde dargestellt, dass aus der Subkultur des Islamismus parallelgesellschaftliche Strukturen sich entwickeln und dass dies zur Spaltung der Gesellschaft führen kann. Außerdem wurde darauf hingewiesen, dass viele Moscheen und Vereine islamistisch sind und gegen eine Integration predigen. Hier wird eine radikale, überhöhte Weltanschauung gepredigt, die zwischen Gewalt, Hass und Wut anzusiedeln ist. Das alles stellt die Summe des Islamismus dar, der klar abzugrenzen von einem individuellen und privaten Islamverständnis ist. Letzteres ist durch die Religionsfreiheit und die Gesetze Österreichs geschützt, erstes instrumentalisiert die liberalen Instrumente der Demokratie, um diese letztlich aufzulösen. Somit können jene Gruppen begründet verboten werden, welche darauf abzielen, die österreichische Gesellschaft aufzuheben. Die Vorstellung der Errichtung eines Kalifats und die Einführung der Scharia, sind deutlicher Ausdruck der Ablehnung der liberalen Gesellschaftsform Österreichs.

Das Argument, dass ein Verbot der Muslimbruderschaft und anderer Gruppen das Problem nicht beheben, sondern nur verschieben würde, ist damit zu entkräften, dass den Sicherheitsbehörden durch ein gesetzliches Verbot ein handlungsaktives Instrument gegeben wird. Damit können „verdächtige" Personen nach ihrer Vereinszugehörigkeit und ihrem faschistischen Ideologiekontext überprüft werden. Letztlich führt ein Verbot solcher extremistischen Gruppen meiner Meinung nach dazu, dass vor allem liberalen Muslimen mehr Gehör verschafft und die Verbreitung islamistischer Ideologien besser kontrolliert und sanktioniert werden kann. Als Dialogpartner müssen vor allem liberale, aufgeklärte und islamkritische Muslime gewonnen werden. Humanismus und Aufklärung, die Trennung von Glaube und Politik, die Zurückweisung der Scharia und der Idee eines Kalifats, die Loyalität zu Österreich und die Gleichstellung und Gleichberechtigung der Frau stellen nicht verhandelbare Werte und Vorstellungen dar, die bei islamistischen Gruppen nicht oder nur unzureichend gefunden werden können. Gerade Gruppen wie die Muslimbruderschaft halten engen Kontakte zu unterschiedlichen Moscheen und Vereinen, durch soziale und karitative Leistungen, durch gezielte Infiltration und politische Lobbyarbeit soll ein Islamischer Staat nach den Scharia-Grundlagen auch in Österreich errichtet werden.[240]

4.3. Die Aufgabe der Moschee

Auch islamische Vereine und Moscheen müssen aktiver in die Präventionsmaßnahmen mit eingebunden werden. Das reflexartige Zurückweisen von Zusammenhängen zwischen Gewalt und Islam reicht nicht aus. Solange der religiös motivierte Terrorismus sich auf den Islam berufen kann und die Terroristen sich als Muslime bezcichnen, bedarf es einer komplexeren Reaktion. Imame müssen eine neue Sprache entwickeln, um mit Muslimen zu kommunizieren, die Integrationsarbeit muss aktiver unterstützt und gewaltbejahende Suren und Hadithen müssen konsequent zurückgewiesen werden.

Der radikale jihadistische Islam und der moderate liberale Islam haben viele Ähnlichkeiten und Anknüpfungspunkte, wie *Ahmad Monsour* bestätigt.[241] Diese beiden Islaminterpretationen müssen unterschieden werden. Aus dieser einfachen kausalen Verbundenheit und dem gemeinsamen Kern kann auch die Forderung generiert werden, dass Moscheen und Moscheenvereine sich klar und offen vom islamistischen Gedankengut distanzieren müssen, nicht nur von Terror, Gewalt und Massaker, sondern insbesondere auch von radikal-faschistischen Ideologien, Organisationen und Einzelpersonen.

Der fundamentalistische Islam lässt als eine absolutistische Religion keine Alternative zu, da er jede andere Interpretation von Glauben, Gott und Weltanschauung als falsch zurückweist. Neue, insbesondere wissenschaftliche Ansätze werden streng zurückgewiesen. Erneuerungen (bid´a) gelten vor allem im saudischen Islamverständnis als verboten. Damit wird aber ein Prozess des freien, offenen und liberalen Denkens verhindert. Hier liegt der Umstand der Fixierung und der Unbeweglichkeit vieler Islamvereine begründet. Im fundamentalistischen Denken darf es keine Veränderung der traditionellen Überlieferungen geben, weil so die reinen Lehren des Propheten verfälscht werden. Das gilt in einem strengen Verständnis als „Gotteslästerung" und ist daher verboten. Die strenge Auslegung der Lehren sichert hingegen die Existenz des Islams und dessen Gläubigen. Allein aus diesem fundamentalistischen Umstand heraus sind solche Vereine nicht der Moderne gegenüber aufgeschlossen und verhindern Aufklärung, Humanität und Rationalität. Moscheen und islamische Vereine müssen sich stärker von einem solchen Islamverständnis distanzieren und einen liberalen mit den westlichen Werten und demokratischen Gesellschaftsmodell vereinbaren Islam vertreten. Wer der Muslimbruderschaft und anderen fundamentalistischen

Gruppen eine Bühne bietet und ihnen erlaubt, ihre Ideologie zu verbreiten, braucht sich nicht zu wundern, wenn daraus Gewalt, Abwertung der Frau und Widerstand gegen die Gesellschaft entstehen.

Die reflexartigen Bekundungen vieler islamischen Vereine nach Terroranschlägen, in denen immer wieder betont wird, dass die Muslime die Hauptopfer dieser Angriffe sind, weil die Gefahr der Radikalisierung gegen Muslime damit proportional wächst, dient nur der Aufrechterhaltung der kollektiven Opferrolle. Dabei wird auch oft von einer „Verschwörung gegen den Islam" gesprochen,[242] Terroristen seien demnach „Werkzeuge des feindlichen Hasses" und letztlich werden die Muslime verstärkt diskriminiert und verdächtigt. Diese Opferhaltung der Muslime muss aktiv in den Moscheen bekämpft werden. Wie oben dargestellt, ist die Vorstellung der Opferrolle der Muslime ein starkes Argument in der Rekrutierung von Jihadisten. Das Hochhalten der vermeintlichen Opferrolle der Muslime kann Hass, Gewalt und Terror erzeugen, vor allem werden dadurch das Gefühl der Ohnmacht und der Unterdrückung unter den Muslimen verbreitet.

Neben der Zurückweisung der Opferrolle bedarf es auch einer Öffnung zu Toleranz und Liberalität in islamischen Vorstellungen. In der Ideologie der Islamisten und besonders in der des Jihadismus gelten Muslime, die sich von dieser Ideologie distanzieren, als *Kafirun*, *Muschrikun* und *Munafiqun* (Ungläubige, Beigeseller und Heuchler).[243] Mehr noch wird ihnen doch auch der Vorwurf des Abfalls vom Glauben (Apostasie im Islam: Ridda oder Irtidād) unterstellt, was einem Todesurteil gleichkommt. Diese ideologische Vorstellung ist aber keinesfalls lediglich im Jihadismus und dem so genannten Islamismus zu finden, sondern genauso Bestandteil des saudischen Wahhabismus und anderer fundamentalistischen Islamauslegungen. Hier findet man die religiöse Legitimation zur Gewaltanwendung,

Unterdrückung von Frauen und den notwendigen Kampf gegen Ungläubige. Nicht ohne Grund entwickeln Terrorgruppen wie der „IS" oder Al-Qaida ihre Theologie des Todes auf der Basis eines ihrer Vorstellung nach puritanischen Islamverständnisses. Der saudische Wahhabismus kennt beispielsweise das Instrument des *Takfir*, mit dem die Muslime zu Ungläubigen erklärt werden können, bereits aus seiner Gründungszeit. Alle Muslime können problemlos als Ungläubige bezeichnet werden, was oftmals einem Todesurteil gleichkommt. Damit wird der Jihad gegen die Ungläubigen legitimiert und gerechtfertigt. Moscheen sind daher aufgerufen, gegen diese dichotome Weltanschauung, aus der Gewalt, Hass und Terror entstehen, vorzugehen und für die Integration der Muslime zu predigen. Wer nur auf die Unterschiede schaut, sucht keinen Dialog. Wer hingegen die Gemeinsamkeiten sucht, wird immer etwas Verbindendes finden. In diesem Sinne müssen Imame den Koran interpretieren und eine Europäisierung des Islams mitgestalten, anstelle den islamistischen Einfluss zu stärken.

4.4. Zusammenfassung und Aussicht

Es konnte aufgezeigt werden, dass der Terrorismus den Staat provozieren und zu unüberlegten Handlungen hinreißen will. Dasselbe gilt, wenn auch auf einer anderen Ebene, für den Islamismus, der den Staat und die Gesellschaftsordnung laufend infrage stellt. Es liegt auch an der Reaktion des Staates, ob der Terrorismus bzw. der Islamismus Erfolg haben wird oder ob es zu einer Europäisierung des Islams kommt. Auf einer individuellen Ebene und in einer allgemeinen Verhaltensweise der Bevölkerung hat der Terrorismus Erfolg gehabt. Er will Angst produzieren und die Sicherheit der Unsicherheit verbreiten, jeder kann das nächste Opfer sein und jeder kann der Täter sein. Damit wird eine wesentliche Stabilisierungsmaßnahme der Gesellschaft, nämlich dass davon ausgegangen werden kann, dass mein Gegenüber nicht meinen Tod will, aufgehoben. Der Nachbar im Mehrparteienhaus könnte bereits an der Bombe bauen, bestellt aus dem Internet, oder Waffen horten für den nächsten Anschlag. Die Unsicherheit soll zur Gewissheit werden. Dann hat der Terrorismus sein Ziel erreicht, und die Spaltung in der Gesellschaft ist unabwendbar.

Dem „IS" gelingt es überproportional stark, sein Narrativ und seine Argumentation weltweit zu verbreiten. Auch wenn Muslime sich vom Terrorismus distanzieren, impliziert dies noch nicht, dass die ideologischen Konzepte abgelehnt werden. Solange nicht die Basis des islamistischen Terrorismus kritisch aufgearbeitet wird und interne Reformen zu Aufklärung und Humanismus führen, solange wird der Islamismus aus dem Koran, der Sunna und der Scharia den Terrorismus weiterhin legitimieren können. Wenn Karikaturen von Mohammed weltweit emotionale Proteste, Gewalt, offene Angriffe und Morddrohungen zur Folge haben, Ehrenmorde und Terrorangriffe kaum Reaktionen hervorrufen, spricht das eine klare und deutliche Sprache. Die Botschaft ist klar formuliert: Wer den Islam und den Propheten beleidigt, muss dafür bestraft werden. Wer durch religiös gerechtfertigte Gewalt getötet wird, starb durch den göttlichen Willen Allahs. Märtyrer kommen direkt ins Paradies, getötete Ungläubige müssen in der Hölle leiden. Diese argumentative und emotionale Bindung muss durch kritisches Denken aufgelöst werden. Erst dann kann der Islam in der Lage sein, Teil der Moderne zu werden, ohne ihr ablehnend gegenüberzustehen.

Liberale, moderate Muslime sind kaum bis gar nicht organisiert und strukturell vernetzt, weil sie generell individuell sind. Sie können die Frage: „Wie soll ich meine Religion, mein Glauben leben?"; nicht beantworten, weil sie keine Konzepte vorgeben. Der Glaube ist eine individuelle Beziehung zwischen Gläubigen und Gott, und kann durch keine systematische strukturelle Organisation ersetzt werden. Islamische Vereine hingegen tendieren dazu, paternalistisch Konzepte vorzugeben, sie predigen ein bestimmtes Islam- und Weltbild, das universelle Gültigkeit aufweist. Dabei wird die Individualität der Gläubigen aber nicht berücksichtigt. Die Gemeinschaft lebt von den gleichen Werten und Vorstellungen, die Einheit im Glauben vereint die Gläubigen. Damit wird ein Islambild zementiert, das Individualität nicht oder nur in einem geringen Maß zulässt. Solche Vereine und Organisationen werden automatisch zu politischen Akteuren, weil sie die Gesellschaft und die Politik mit zu definieren versuchen. Der Einfluss solcher Vereine ist deutlicher als der der individualistischen Muslime. Diese aber müssten vor allem in ihrer Position gestärkt und unterstützt werden.

Es konnte zumindest ansatzweise skizziert werden, dass der Einfluss des Auslandes in Österreich sehr groß ist. Besonders aus Saudi-Arabien, aber auch aus der Türkei finden nicht nur finanzielle Zuflüsse statt, sondern vor allem auch ideologische. Über soziale Netzwerke wird der Hass auf den Westen und die Einzigartigkeit des Islams verbreitet, aber auch in Moscheen wird immer wieder für die Scharia und gegen eine Integration gepredigt. Islamistische „Starprediger" reisen unbehelligt durch Europa und machen auch in Österreich halt. Sie rekrutieren nicht nur neue Mitglieder und Sympathisanten, sie verbreiten auch eine extremistische, antidemokratische Weltanschauung. Sie sind die Ideologen der islamistischen Befreiungsrevolution. Die Anzahl der radikalen Salafisten nimmt ungehindert weiter zu, in Deutschland ist die Szene bereits auf schätzungsweise 11.000 Personen angewachsen.[244] Ein Ende dieses beunruhigenden Trends ist nicht absehbar. Radikale Prediger sprechen nicht nur die Landessprache, sie haben Kontakte ins Ausland und kennen die wichtigsten radikalen Werke. Und was noch wichtiger ist, sie sprechen auch die neue Jugendsprache. In Bezug auf eine Auslandsfinanzierung und Kontakte heimischer Gruppen, Moscheen und Vereine zu internationalen islamistischen Netzwerken muss von den österreichischen Behörden strenger untersucht und kontrolliert werden. Auch welche Imame in den Vereinen angestellt sind, wo deren Ausbildung stattfand, von welchem Verein sie bezahlt werden und der ideologische Inhalt der Programme muss von Österreich kritisch untersucht werden. Nur so kann ein effektive Anti-Terrorstrategie funktionieren. Basis dieser Gegenstrategie der österreichischen Behörden stellt das neue Islamgesetz dar, dass ausländische Einflüsse, radikale Tendenzen und internationale finanzielle Zuschüsse unterbinden soll. Das muss konsequent von den Behörden umgesetzt werden.

Das Islamverständnis, das besonders in Europa tonangebend ist, ist vor allem das des politischen Islams. Dieser hat einen hohen Machtanspruch sowie absoluten Wahrheitsanspruch. Diesem Islam darf man nicht das Feld überlassen, ein solcher Islam ist auch nicht verträglich mit den Werten der Demokratie. Die Trennung zwischen Islam als Glaubensform und Islam als politisches Instrument ist fließend und es bedarf einer breiten Debatte, was unter „Islam" und „Islamismus" verstanden wird. An dieser Stelle wird als Konsequenz aus dem Diskutierten der Schluss gezogen, dass eine negative Definitionsbestimmung vorgeschlagen wird. Anstelle festzustellen wie der Islamismus vom Islam abzutrennen ist, argumentierte ich, dass die Definition darüber geschieht, was nicht mehr als Kernelement von Glaubensformen akzeptiert werden kann. Darunter sind vor allem jene politischen Aktivitäten mit gemeint, die Veränderungen auf Basis religiöser Traditionen durchsetzen wollen. Sämtliche religiös motivierten politischen Ansprüche wie Einführung (von Teilen) der

Scharia, Ersetzung bestehende Institutionen durch islamisch geprägte, Forderung nach einem Kalifat, etc. würden darunterfallen. Durch den fortschreitenden Einfluss radikaler Gruppen wird nicht nur der Nährboden des Terrors vorbereitet, sondern der Jihad wird auch als „kulturelles" Element in der westlichen Gesellschaft fester verankert. Konnte doch aufgezeigt werden, dass sich die jihadistische Ideologie aus dem Koran, den Hadithen und der Sunna ableiten lassen

Eine realistische Prognose des islamistischen Terrorismus weltweit zu erstellen, erscheint aufgrund der komplexen soziokulturellen Faktoren und Entwicklungsmöglichkeiten kaum machbar; zumal aktuell der Terrorismus in den „Kernländern" des „IS", also Syrien und Irak, stark rückläufig ist, dafür aber in anderen Ländern wie Indonesien oder Afghanistan zunimmt. Auch wenn der „IS" sein Kalifat verloren ist, ist er nicht besiegt. Die langfristige Strategie der Terrorgruppe bestand immer darin, eine Endschlacht zu provozieren, diese sollte ihren Ausgangsort im syrischen Dabiq haben und weltweit den Sieg der Muslime bringen. Auch wenn der „IS" in Zukunft nicht mehr als großer Akteur des internationalen Terrorismus auftritt, lebt die grundlegende Ideologie weiter und wird zur Herausbildung neuer Terrorgruppen führen. Die gefährliche Nähe der jihadistischen Ideologie zu Programmen des Islamismus, die steigenden Zahl von Rückkehrern, radikalisierten Sympathisanten und Islamisten in Europa, gefährden aber die Sicherheit. Die Mixtur aus Wut auf die westliche Gesellschaft, eine vermeintliche Opferrolle der Muslime und die ständige Indoktrination durch islamistische Vereine, verschärft die Situation. Aus diesem extremistischen Pool sind weiterhin Anschläge zu befürchten.

Auch wenn viele Terroranschläge im Westen nach einem bereits vorgefertigten Plan und Muster abliefen, auf das die Sicherheitsbehörden reagieren, ist es unwahrscheinlich, dass der Terrorismus in seiner Anschlagsplanung auf diesen Konzepten strikt aufbaut. Er wird sich evolutionär an die neuen Gegebenheiten und Herausforderungen anpassen und neue Anschlagsserien entwickeln. Die Grundlage für die perfekte Planung und Umsetzung bieten die bisherigen Terrorpläne in den Propagandamagazinen, es ist daher anzunehmen, dass es hier zu einer Symbiose unterschiedlicher Strategien kommen wird. Der Individual-Terrorismus vor allem mit Messern wird zunehmen und Europa immer tiefer in einen Strudel der Gewalt und des Terrorismus ziehen.

Der Europa-Gedanke und die daran geknüpften Werte wie Freiheit, Gleichberechtigung, Liberalität oder Humanität werden von islamistisch-radikalen Strömungen und Gruppen innerhalb des europäischen Gebietes massiv bedroht. Es ist der „Scharia-Islam" oder „Kopftuch-Islam", der in Europa immer mehr die Debatten und Diskussionen auslöst. Ein solches Islamverständnis bedarf einer Aufklärung und Humanisierung der Inhalte. Seit seiner Entstehung hat der traditionelle Islam keine nennenswerte Reform erlebt. Die unterschiedlichen Reformbewegungen haben sich mehrheitlich nicht durchgesetzt. Vielmehr hat der traditionelle und fundamentalistische Islam diese Bewegungen zu einem gewissen Grad verdrängt. In den Moscheen, in den Islam-Kindergärten und -Schulen wird ein solches Verständnis mitunter gelehrt. Damit wird eine neue Generation fundamentalistischer Muslime innerhalb Europas herangezogen. Europäische Jihadisten haben sich direkt in Europa, in den Moscheen mitten in europäischen Städten radikalisiert. Sie sind das Produkt des hier gelebten und verbreiteten extremistischen Islamverständnisses. Solche Entwicklungen spiegeln die Spitze des Islamverständnisses in Europa wider, das eben auch extremistisch-jihadistisch ist. Auch wenn die meisten Muslime in Europa friedlich sind, bedarf es einer Aufarbeitung und einer Reform des Islams, ich trete an dieser Stelle für eine „Europäisierung des Islams" ein. Bei diesem Prozess sind alle Personen und Personengruppen zu einer breiten ethisch-theologischen Debatte über Freiheit, Grundwerte, Leitkultur, Religion, Islam und Säkularisierung eingeladen.

Literaturangabe

Bücher

ABDAL-SAMAD, Hamed (2015): *Der islamische Faschismus: Eine Analyse,* Droemer TB: München.

ABDAL-SAMAD, Hamed (2015): *Mohamed-Eine Abrechnung,* Droemer HC: München.

ALBAYATI, Amer (2016): *Auf der Todesliste des IS – Ein Islam-Insider & Reformer als bedrohter Warner vor Radikalismus und Terror,* Seifert-Verlag: Wien.

BASAM, Tibi, (2009): *Der Euro-Islam: Die Lösung eines Zivilisationskonfliktes,* wbg Academic: Darmstadt.

BUSCH, Albert, STENSCHKE, Oliver (2008): *Germanistische Linguistik,* 2. Auflage, Gunter Narr Verlag: Tübingen.

HAFEZ, Farid (2014): *Islamisch-politische Denker: Eine Einführung in die islamisch-politische Ideengeschichte,* Peter Lang GmbH: Frankfurt am Main.

MANEMANN, Jürgen, (2015): *Der Dschihad und der Nihilismus des Westens: Warum ziehen junge Europäer in den Krieg?,* Transcript: Bielefeld.

MONSOUR, Ahmad (2015): *Generation Allah. Warum wir im Kampf gegen religiösen Extremismus umdenken müssen,* S. FISCHER Verlag: Berlin.

NEUMAN, Peter R. (2015): *Die neuen Dschihadisten: ISIS, Europa und die nächste Welle des Terrorismus,* Econ-Verlag: Berlin.

PRENNER, Karl (2004): *Mohamed* in: GRABNER-HAIDER, Anton und WEINKE, Kurt (Hrsg.), *Meisterdenker der Welt,* Böhlau: Wien.

SEIDENSTICKER, Tilman (2016): *Islamismus: Geschichte, Vordenker, Organisationen,* 4. Auflage, C.H.Beck: München.

SCHMIDINGER, Thomas (2016): *Jihadismus: Ideologie, Prävention und Deradikalisierung,* Mandelbaum-Verlag: Wien.

SALAMUN, Kurt (Hrsg.), (2005): *Fundamentalismus interdisziplinär,* LIT-Verlag: Münster.

TOPITSCH, Ernst (1992): *Heil in und jenseits der Zeit* in: SALAMUN, Kurt (Hrsg.) *Ideologien und Ideologiekritik ideologietheoretische Reflexionen,* Wissenschaftliche Buchgesellschaft: Darmstadt.

WALDMANN, Peter (1998): *Terrorismus – Provokation der Macht,* Gerlinger Akademie Verlag: München.

ZSIFKOVITS, Valentin (1987): *Ethik des Friedens,* Veritas Verlag: Wien.

Online – Literatur

Parlamentarische Anfragen

Sämtliche Parlamentarische Anfragen und Antworten sind generell unter der folgenden Adresse abrufbar: https://www.parlament.gv.at/PAKT/JMAB/

Die in der Arbeit verwendeten Anfragen und Antworten:

- 8806/J XXIV. GP.
- 8947/J XXIV. GP.
- XXIV GP-NR. 8626.
- XXIGP.-NR. 12591/J.
- 12587/J XXIV. GP.
- 12586/J XXIV. GP.
- XXIV.GP.-NR 12592/J.

- BMI-LR2220/0546-II/2014.
- XXIV.GP.-NR12577/J.
- 12600/J XXIV. GP.
- XXIV.GP.-NR.12597/J.
- XXIV.GP.-NR.12597/J.

Zeitschriften

20 Minuten: «Allah, zerstöre die Juden, Christen und Hindus» http://www.20min.ch/schweiz/news/story/-Allah--zerstoere-die-Juden--Christen-und-Hindus--11494703 (Letzter Zugriff: 15.05.2018).

BZ Berlin: Erdogan fragt kleines Mädchen, ob es Märtyrer werden will https://www.bz-berlin.de/welt/erdogan-fragt-kleines-maedchen-ob-es-maertyrer-werden-will (Letzter Zugriff: 15.05.2018).

Deutschlandfunk: Salafistendorf Gornja Maoca in Bosnien-IS-Flagge zur Begrüßung http://www.deutschlandfunk.de/salafistendorf-gornja-maoca-in-bosnien-is-flagge-zur.795.de.html?dram:article_id=344927 (Letzter Zugriff: 15.05.2018).

FAZ: In der bunten Republik http://www.faz.net/aktuell/politik/inland/urteil-zu-scharia-polizei-bundesgerichtshof-korrigiert-landgericht-wuppertal-15388225.html (Letzter Zugriff: 15.05.2018).

Focus: Niedersachsen: Jeder dritte muslimische Schüler würde im Namen des Islam kämpfen https://www.focus.de/politik/deutschland/brisante-studie-in-schulen-niedersachsen-jeder-dritte-muslimische-schueler-wuerde-im-namen-des-islam-kaempfen_id_8279182.html (Letzter Zugriff: 15.05.2018).

Focus: Weihnachtsmarkt Ludwigshafen-Anschlagsplan von Zwölfjährigem schockiert – doch es gab schon ähnliche Fälle https://www.focus.de/politik/videos/weihnachtsmarkt-ludwigshafen-anschlagsplan-von-zwoelfjaehrigem-schockiert-doch-es-gab-schon-aehnliche-faelle_id_6364681.html (Letzter Zugriff: 15.05.2018).

Hamburger Abendblatt: ALSTERVERGNÜGEN-Hamburg zahlt für Terrorabwehr bei Großveranstaltungen https://www.abendblatt.de/article213970833/Hamburger-Alstervergnuegen-2018-endgueltig-abgesagt.html (Letzter Zugriff: 15.05.2018).

Heute: Terroristen wollen Züge entgleisen lassen http://www.heute.at/welt/news/story/Terroristen-wollen-Zuege-entgleisen-lassen-59661928 (Letzter Zugriff: 15.05.2018).

Heute: Das ist die "Burka-Provokateurin" http://www.heute.at/oesterreich/wien/story/Nora-Illi-in-Wien--Das-ist-die-Burka-Provokateurin--52725564 (Letzter Zugriff: 15.05.2018).

Kleine Zeitung: Islamismus nimmt bei uns gefährliche Formen an https://www.kleinezeitung.at/steiermark/gericht/4989684/Polizeiexperte_Islamismus-nimmt-bei-uns-gefaehrliche-Formen-an (Letzter Zugriff: 15.05.2018).

Kleine Zeitung: "Sie wollen einen strengen Islam" https://www.kleinezeitung.at/politik/innenpolitik/5272484/Causa-Islamschule_Sie-wollen-einen-strengen-Islam (Letzter Zugriff: 15.05.2018).

Kleine Zeitung: „Extremisten sind meine Feinde" https://www.kleinezeitung.at/steiermark/graz/4989687/Interview_Extremisten-sind-meine-Feinde (Letzter Zugriff: 15.05.2018).

Kleine Zeitung: MÄDCHEN IN U-HAFT- Experte: "Acht von 19 Grazer Moscheen sind islamistisch" https://www.kleinezeitung.at/steiermark/chronik/4694828/MAeDCHEN-IN-UHAFT_Acht-von-19-Grazer-Moscheen-sind-islamistisch (Letzter Zugriff: 15.05.2018).

Kronenzeitung: Helferin deckt auf: Was Flüchtlinge wirklich über uns reden http://www.krone.at/582726 (Letzter Zugriff: 15.05.2018).

Kurier: Offene Propaganda für „Graue Wölfe" in Kulturvereinen https://kurier.at/chronik/oesterreich/offene-propaganda-fuer-graue-woelfe-in-kulturvereinen/400026691 (Letzter Zugriff: 15.05.2018).

Kurier: Die islamischen Schattenschulen https://kurier.at/chronik/oesterreich/die-islamischen-schattenschulen/249.491.234 (Letzter Zugriff 15.05.2015).

Kurier: Mohamed M. - Eine Chronologie https://kurier.at/politik/mohamed-m-eine-chronologie/730.555 (Letzter Zugriff: 15.05.2018)

Kurier: Kinder zeigen in Moscheen rechtsextremen Wolfsgruß https://kurier.at/politik/inland/kinder-zeigen-in-moscheen-rechtsextremen-wolfsgruss/400026301 (Letzter Zugriff: 15.05.2018).

Kurier: Kreml-Todfeind Doku Umarow ist tot https://kurier.at/politik/ausland/kreml-todfeind-doku-umarow-ist-tot/56.547.370 (Letzter Zugriff: 15.05.2018).

Kurier: Verteilern gehen Koran-Exemplare aus https://kurier.at/chronik/wien/verteilern-gehen-koran-exemplare-aus/231.056.236 (Letzter Zugriff: 15.05.2018).

News: Ein Wiener Imam predigt die Vollverschleierung https://www.news.at/a/wiener-imam-predigt-vollverschleierung-8036579 (Letzter Zugriff: 15.05.2018).

New York Times: How a Secretive Branch of ISIS Built a Global Network of Killers https://mobile.nytimes.com/2016/08/04/world/middleeast/isis-german-recruit-interview.html?_r=0 (Letzter Zugriff: 15.05.2018).

NTV: Molenbeek hat seinen Ruf zu Recht https://www.n-tv.de/politik/Molenbeek-hat-seinen-Ruf-zu-Recht-article17369321.html (Letzter Zugriff: 15.05.2018).

N-TV: Zerstörung der westlichen Welt-Das bedeutet der "Hitlergruß" des IS http://www.n-tv.de/politik/Das-bedeutet-der-Hitlergruss-des-IS-article13762256.html (Zugriff: 15.05.2018).

ORF: Rekrutierung: Moschee wehrt sich http://wien.orf.at/news/stories/2666972/ (Letzter Zugriff: 15.05.2018).

ORF: Islamische Schule: Eltern gegen Musikunterricht http://wien.orf.at/news/stories/2673887/ (Letzter Zugriff: 15.05.2018).

ORF Religion: „Gottlose Gemeinschaft" mit kirchlichen Riten http://religion.orf.at/stories/2695393/ (Letzter Zugriff: 15.05.2018).

ORF Religion: Wirbel um Spendenaufruf für Imamschule in Linz http://religion.orf.at/stories/2845046/ (Letzter Zugriff: 15.05.2018).

ORF: Terrormiliz IS: Wien hat aktive Szene http://wien.orf.at/news/stories/2665315 (Letzter Zugriff: 15.05.2018).

ORF: Islamisches Mädchenwohnheim in der Kritik http://noe.orf.at/news/stories/2824912/ (Letzter Zugriff: 15.05.2018).

Ö24: ISIS schleuste mehr Terroristen ein als gedacht http://www.oe24.at/welt/ISIS-schleuste-mehr-Terroristen-ein-als-gedacht/235188850 (Letzter Zugriff: 15.05.2018).

Ö1: Auf den Spuren des Islam in Bosnien https://oe1.orf.at/artikel/634413 (Letzter Zugriff: 15.05.2018).

Presse: Blau-roter Streit um Islam-Funktionär in Wien http://www.heute.at/oesterreich/wien/story/SP---Aufregung-in-Wien-um-Amir-El-Shamy-46359012 (Letzter Zugriff: 15.05.2018).

Presse: Neues Terrorvideo – Drohung gegen Österreich https://diepresse.com/home/politik/terror/344615/Neues-Terrorvideo-Drohung-gegen-Oesterreich (Letzter Zugriff: 15.05.2018).

Presse: IS-Anhänger plante Anschlag in Wien https://diepresse.com/home/panorama/wien/5157750/IS-Anhaenger-plante-Anschlag-in-Wien (Letzter Zugriff: 15.05.2018).

Presse: 100 Jihadisten aus Österreich noch in Syrien und Irak https://diepresse.com/home/ausland/aussenpolitik/5383692/100-Jihadisten-aus-Oesterreich-noch-in-Syrien-und-Irak (Letzter Zugriff: 15.05.2018).

Presse: Austro-Islamist droht Österreich mit Terror https://diepresse.com/home/politik/aussenpolitik/1376730/AustroIslamist-droht-Oesterreich-mit-Terror- (Letzter Zugriff: 15.05.2018).

Presse: 70 Rückkehrer aus Syrien/ Irak https://diepresse.com/home/politik/innenpolitik/4849007/70-Rueckkehrer-aus-Syrien-Irak (Letzter Zugriff: 15.05.2018)

Presse: Vereine, Imame, Kulturzentren: Der lange Arm der Türkei https://diepresse.com/home/import/thema/658212/Vereine-Imame-Kulturzentren_Der-lange-Arm-der-Tuerkei (Letzter Zugriff: 15.05.2018).

Presse: Analyse: Al-Suri und der „Dschihad der Armen" https://diepresse.com/home/politik/aussenpolitik/4633815/Analyse_AlSuri-und-der-Dschihad-der-Armen (Letzter Zugriff: 15.05.2018).

Presse: Kämpfer für Syrien rekrutiert? Grazer Prediger in U-Haft
https://diepresse.com/home/panorama/oesterreich/3817309/Kaempfer-fuer-Syrien-rekrutiert-Grazer-Prediger-in-UHaft (Letzter Zugriff: 15.05.2018).

Presse: Wiener Jihadist: Islamisches Zentrum rüstet IS auf
https://diepresse.com/home/panorama/wien/3863220/Wiener-Jihadist_Islamisches-Zentrum-ruestet-IS-auf- (Letzter Zugriff: 15.05.2018).

Presse: Barcelona-Terror: Predigte Imam Es Satty auch in Wien?
https://diepresse.com/home/ausland/aussenpolitik/5274492/BarcelonaTerror_Predigte-Imam-Es-Satty-auch-in-Wien (Letzter Zugriff: 15.05.2018).

Die Presse: Zahl der Muslime in Österreich wächst rapide
https://diepresse.com/home/panorama/oesterreich/5200447/Zahl-der-Muslime-in-Oesterreich-waechst-rapide (Letzter Zugriff: 15.05.2018).

Die Presse: Das sind Österreichs 500.000 Muslime
https://diepresse.com/home/panorama/oesterreich/3875981/Das-sind-Oesterreichs-500000-Muslime (Letzter Zugriff: 15.05.2018).

Die Presse: Wirbel um salafistische Schriften für Häftlinge
https://diepresse.com/home/panorama/oesterreich/5306870/Wirbel-um-salafistische-Schriften-fuer-Haeftlinge (Letzter Zugriff: 15.05.2018).

Profil: Dschihad am Riesenrad: Die ISIS und ihre Sympathisanten in Österreich
https://www.profil.at/ausland/dschihad-riesenrad-die-isis-

sympathisanten-oesterreich-376592 (Letzter Zugriff: 15.05.2018).

Profil: Pop-Dschihadisten: Wie radikalisierte Jugendliche dem IS-Terror verfallen https://www.profil.at/oesterreich/pop-dschihadisten-wie-jugendliche-is-terror-377972 (Letzter Zugriff: 15.05.2018).

Profil: Scharia-Import: Türkei, Saudi-Arabien und andere Golfstaaten sponsern Hunderte Vereine in Österreich https://www.profil.at/oesterreich/scharia-import-tuerkei-saudi-arabien-golfstaaten-hunderte-vereine-oesterreich-378548 (Letzter Zugriff: 15.05.2018).

Profil: IS-Terror: Warum wurden bisher nur wenige Dschihadisten verurteilt? https://www.profil.at/oesterreich/is-terror-warum-dschihadisten-378022 (Letzter Zugriff: 15.05.2018).

Profil: Dschihad am Riesenrad: Die ISIS und ihre Sympathisanten in Österreich https://www.profil.at/ausland/dschihad-riesenrad-die-isis-sympathisanten-oesterreich-376592 (Letzter Zugriff: 15.05.2018).

Salzburg 24: 25-Jähriger plante Terroranschlag auf Weihnachtsmarkt in Graz: Festnahmen http://www.salzburg24.at/festnahme-in-graz-wegen-terror-verdachts-25-jaehriger-in-haft/5153322 (Letzter Zugriff: 15.05.2018).

Spiegel: Radikale Muslime feiern im Netz den Anschlag http://www.spiegel.de/politik/ausland/charlie-hebdo-radikale-muslime-feiern-anschlag-im-netz-a-1011896.html (Letzter Zugriff: 15.05.2018)

Spiegel: Kopf der spanischen Terrorzelle-Richter stoppte Abschiebung von Imam Es Satty http://www.spiegel.de/politik/ausland/anschlaege-von-barcelona-richter-stoppte-abschiebung-von-abdelbaki-es-satty-a-1164279.html (Letzter Zugriff: 15.05.2018).

Spiegel: Brandbrief in Saarbrücken-Eine Schule in Angst http://www.spiegel.de/lebenundlernen/schule/gemeinschaftsschule-bruchwiese-in-saarbruecken-der-brandbrief-schock-a-1183578.html (Letzter Zugriff: 15.05.2018).

Standard: Balkan-Salafisten nach Razzien in Wien und Graz schwer angeschlagen https://derstandard.at/2000053819748/Balkan-Salafisten-nach-Razzia-schwer-angeschlagen (Letzter Zugriff: 15.05.2018).

Standard: Großrazzia gegen Islamisten https://derstandard.at/1263706531659/Grossrazzia-gegen-Islamisten (Letzter Zugriff: 15.05.2018).

Standard: Kultusamt prüft zwei islamische Vereine https://derstandard.at/2000061621308/Kultusamt-prueft-zwei-Islamische-Vereine (Letzter Zugriff: 15.05.2018).

Standard: *Urteil: Grazer Amokfahrer für schuldig und zurechnungsfähig befunden* https://derstandard.at/2000045152155/Urteil-Grazer-Amokfahrer-fuer-zurechnungsfaehig-befunden (Letzter Zugriff: 15.05.2018)

Stern: Wie sich Islamisten in deutschen Gefängnissen radikalisieren https://www.stern.de/tv/gefaehrder-hinter-gittern--wie-sich-islamisten-in-deutschen-gefaengnissen-radikalisieren-7879392.html (Letzter Zugriff: 15.05.2018).

Tagesspiegel: Schauplätze des Dschihads-Wo militante Islamisten auf dem Vormarsch sind https://www.tagesspiegel.de/politik/schauplaetze-des-dschihads-im-kaukasus-tobt-der-heilige-krieg-seit-jahrhunderten/10079790-6.html (Letzter Zugriff: 15.05.2018).

TAZ: Warnung vor Anschlägen in Bosnien http://www.taz.de/!1118274/ (Letzter Zugriff: 15.05.2018).

T-Online Nachrichten: Geheime Quellen-IS hat Hunderte Kämpfer nach Europa geschickt https://www.t-online.de/nachrichten/ausland/id_77361880/islamischer-staat-hat-hunderte-kaempfer-nach-europa-geschickt.html (Letzter Zugriff: 15.05.2018).

Welt: Tausende Flüchtlinge bezeichnen sich als Ex-Taliban-Kämpfer https://www.welt.de/politik/deutschland/article163912228/Tausende-Fluechtlinge-bezeichnen-sich-als-Ex-Taliban-Kaempfer.html (Letzter Zugriff: 15.05.2018).

Welt: Wie die Islamisten Deutschland unterwandern https://www.welt.de/debatte/article9723059/Wie-die-Islamisten-Deutschland-unterwandern.html (Letzter Zugriff: 15.05.2018).

Welt: „Seit über 1400 Jahren warten wir auf euch" https://www.welt.de/print/die_welt/politik/article149472293/Seit-ueber-1400-Jahren-warten-wir-auf-euch.html (Letzter Zugriff: 15.05.2018).

Welt: Wie ein falscher Islamist deutsche Behörden vorführt https://www.welt.de/politik/ausland/plus173584396/Zvi-Jecheskeli-Wie-ein-Journalist-als-falscher-Islamist-deutsche-Behoerden-vorfuehrt.html (Letzter Zugriff: 15.05.2018).

Wiener Zeitung: IGGiÖ-Der Präsident und der Scherbenhaufen https://www.wienerzeitung.at/nachrichten/oesterreich/politik/843549_Der-Praesident-und-der-Scherbenhaufen.html?em_cnt_page=2 (Letzter Zugriff: 15.05.2018).

Wiener Zeitung: Islamschule im Kreuzfeuer https://www.wienerzeitung.at/nachrichten/wien/stadtpolitik/704035_Islamschule-im-Kreuzfeuer.html (Letzter Zugriff: 15.05.2018).

Wienerzeitung: Das Kalifat als eigentliche Heimat https://www.wienerzeitung.at/themen_channel/integration/gesellschaft/225584_Das-Kalifat-als-eigentliche-Heimat.html (Letzter Zugriff: 15.05.2018).

Yabiladi: Mounir Benjelloun : «Il y a une conspiration contre l'islam et les musulmans d'Espagne» (Mounir Benjelloun: "Es gibt eine Verschwörung gegen den Islam und die Muslime von Spanien) https://www.yabiladi.com/articles/details/56640/mounir-benjelloun-conspiration-contre-l-islam.html (Letzter Zugriff; 15.05.2018).

Zeit: Sven Lau-Anklage gegen Salafistenprediger https://www.zeit.de/gesellschaft/zeitgeschehen/2016-04/sven-lau-salafistischer-prediger-terrorismus-syrien-wuppertal (Letzter Zugriff: 15.05.2018).

Zeit: BGH hebt Freisprüche für Mitglieder der "Scharia-Polizei" auf https://www.zeit.de/gesellschaft/zeitgeschehen/2018-01/wuppertal-bundesgerichtshof-scharia-polizei-freispruch-aufhebung (Letzter Zugriff: 15.05.2018).

Zeit: Zahl der radikalen Islamisten in Deutschland hat sich verdoppelt https://www.zeit.de/gesellschaft/zeitgeschehen/2018-04/salafismus-zuwachs-islamismus-landesbehoerden-verfassungsschutz-deutschland (Letzter Zugriff: 15.05.2018).

Weitere Quellen

Berliner Verfassungsschutz: Salafismus als politische Ideologie https://www.thueringen.de/mam/th3/verfassungsschutz/Islamismus/salafismus_broschure_berlin.pdf (Letzter Zugriff: 15.05.2015).

Bundesministerium: Europa Integration Äußeres: Minderheitenrechte https://www.bmeia.gv.at/europa-aussenpolitik/menschenrechte/schwerpunktthemen/minderheitenrechte/ (Letzter Zugriff: 15.05.2018).

BMI: Sicherheitsbericht 2015 https://www.bmi.gv.at/508/files/SIB2015_Hauptteil_V20160627_web.pdf (Letzter Zugriff: 15.05.2018).

BMI: Verfassungsschutzbericht 2006 http://bvt.bmi.gv.at/401/files/Verfassungsschutzbericht2006Berichtszeitraum2005understeshalbjahr2006.pdf (Letzter Zugriff: 15.05.2018).

Erfahrungsberichte aus dem Schulalltag- Eine Dokumentation im Auftrag des American Jewish Committee Berlin https://ajcberlin.org/sites/default/files/downloads/ajcstimmungsbildsalafismusantisemitismus.pdf (Letzter Zugriff: 15.05.2018)

Europäisches Parlament: Terrorbekämpfung http://www.europarl.europa.eu/austria/de/aktuell-presse/meldungen/meldungen-2017/februar-2017/pr-2017-februar-11.html (Letzter Zugriff: 15.05.2018).

ILMÖ, Pressmeldung: Moscheenvereine, islamische Kindergärten und Schulen mit Dschihadisten- und Eroberernamen verbieten, 14.03.2017 http://www.initiativeliberalermuslime.org/presse/moscheen-vereine-islamische-kindergarten-und-schulen-mit-dschihadisten-und-eroberernamen-verbieten/ (Letzter Zugriff: 15.05.2018).

ILMÖ, Pressemeldung: Das neue Islamgesetz ist der Nährboden für radikale Islamisten, als Nährboden für den Dschihadismus und Terrorismus, 22.05.2015 http://www.initiativeliberalermuslime.org/presse/das-neue-islamgesetz-ist-der-nahrboden-fur-radikale-islamisten-als-nahrboden-fur-den-dschihadismus-und-terrorismus/ (Letzter Zugriff: 15.05.2018).

ILMÖ, Pressemeldung: SPÖ-Politiker Amir Al Shamy attackiert Aleviten und missachtet damit in gesetzwidriger Weise das Islamgesetz http://www.initiativeliberalermuslime.org/presse/spo-politiker-amir-al-shamy-attackiert-aleviten-und-missachtet-damit-in-gesetzwidriger-weise-das-islamgesetz/ (Letzter Zugriff: 15.05.2018).

Islamgesetz 1912 http://alex.onb.ac.at/cgi-content/alex?aid=rgb&datum=19120004&seite=00000875 (Letzter Zugriff: 15.05.2018).

Islamische Datenbank: Hadithen – Sammlung Sahih al-buchari http://islamische-datenbank.de/sahih-al-buchari (Letzter Zugriff: 15.05.2018)

Islamische Datenbank: Hadithen – Sammulung Sahih Muslim http://islamische-datenbank.de/sahih-muslim (Letzter Zugriff: 15.05.2018).

Islamische Glaubensgemeinschaft: Yusuf al-Qaradawi, Das Erlaubte und Verbotene im Islam http://www.lichtwort.de/_books/erlaubtes_und_verbotenes.pdf (Letzter Zugriff: 15.05.2018).

Ministry of the Interior and Kingdom Relation (2004): *From dawa to jihad - The various threats from radical Islam to the democratic legal order* https://www.investigativeproject.org/documents/testimony/49.pdf (Letzter Zugriff: 15.05.2018).

Österreicher Integrationsfond: Islam in Österreich, 2010 https://www.integrationsfonds.at/fileadmin/content/AT/Downloads/Publikationen/Islam_in_OEsterreich.pdf (Letzter Zugriff: 15.05.2018).

Österreichischer Integrationsfond: Forschungsbericht "Rolle der Moschee im Integrationsprozess" https://www.integrationsfonds.at/publikationen/forschungsberichte/forschungsbericht-rolle-der-moschee-im-integrationsprozess/ (Letzter Zugriff: 15.05.2018).

OTS, ILMÖ Pressemeldung: Die Änderungen im neuen Islamgesetz sind der Nährboden für radikale Islamisten und Terrorismus https://www.ots.at/presseaussendung/OTS_20150211_OTS0027/die-aenderungen-im-neuen-islamgesetz-sind-der-naehrboden-fuer-radikale-islamisten-und-terrorismus (Letzter Zugriff: 15.05.2018).

OTS, ILMÖ Pressemeldung: Moscheenvereine, islamische Kindergärten und Schulen mit Dschihadisten- und Eroberernamen verbieten https://www.ots.at/presseaussendung/OTS_20170314_OTS0034/moscheenvereine-islamische-kindergaerten-und-schulen-mit-dschihadisten-und-eroberernamen-verbieten (Letzter Zugriff: 15.05.2018).

Pew Research Center: The Divide Over Islam and National Laws in the Muslim World http://www.pewglobal.org/2016/04/27/the-divide-over-islam-and-national-laws-in-the-muslim-world/ (Letzter Zugriff: 15.05.2018).

Prof. Dr. Christian Pfeiffer, Prof. Dr. Dirk Baier, Dr. Sören Kliem: Zur Entwicklung der Gewalt in Deutschland Schwerpunkte:

Jugendliche und Flüchtlinge als Täter und Opfer, Januar 2018 https://www.zhaw.ch/storage/shared/sozialearbeit/News/gutachten-entwicklung-gewalt-deutschland.pdf (Letzter Zugriff: 15.05.2018).

Republik Österreich: Sicherheitsbericht 1990: Bericht der Bundesregierung über die innere Sicherheit in Osterreich.

Scheich 'Abdullah as-Samit Frank Bubenheim und Dr. Nadeem Elyas
Der edle Quran http://www.way-to-allah.com/dokument/De_edle_Quran.pdf (Letzter Zugriff: 15.05.2018).

The Muslim Brotherhood "Project" https://www.investigativeproject.org/documents/misc/687.pdf (Letzter Zugriff: 15.05.2018).

Universität Wien: Projektbericht: Religiöse und ethische Orientierungen von muslimischen Flüchtlingen in Graz https://www.graz.at/cms/dokumente/10307649_7744790/71470597/Religi%C3%B6se%20und%20ethische%20Orientierungen%20von%20muslimischen%20Fl%C3%BCchtlingen%20in%20Graz_Endbericht%20Ednan%20Aslan.pdf (Letzter Zugriff: 15.05.2018).

Universität Wien: Projektbericht-Evaluierung ausgewählter Islamischer Kindergärten und –gruppen in Wien. Tendenzen und Empfehlungen. Studienleiter: Univ.-Prof. Dr. Ednan Aslan, Wien: 2016

Universität Wien: Islamische Kindergärten und -Gruppen. Motive und Strategien der BetreiberInnen im Kontext der Stadt Wien - (MA11) und Erwartungen muslimischer Eltern. Studienleiter: Univ.-Prof. Dr. Ednan Aslan, Wien: 2016

Universität Wien, The George Washington University: The Muslimbrotherhood in Austria. Studienleiter: Dr. Lorenzo Vidino https://extremism.gwu.edu/sites/g/files/zaxdzs2191/f/MB%20in%20Austria-%20Print.pdf (Letzter Zugriff: 15.05.2018).

Verfassungsschutzbericht Baden-Württemberg 2009 https://im.baden-wuerttemberg.de/fileadmin/redaktion/m-im/intern/dateien/publikationen/Vsbericht_BW_2009.pdf (Letzter Zugriff: 15.05.2018).

Islamistische Propaganda

Al-Malāḥim Media: "The Lone Mujāhid Pocketbook".

ALHAYAT Medienzentrale („"): *Das Gesetz Allahs oder die Gesetze der Menschen. Ist der Krieg gegen die Ḥilāfah Abtrünnigkeit?",* aus dem Dabiq-Magazin Ausgabe Nr. 10.

Dabiq, Ausgabe 7, englische Version: From Hypchrisy to Apostasy ISIS-Propaganda.

Globale Islamische Medien Front (Hrsg. und Übersetzer): von AL-MAQDISI, Šayḫ Abū Muḥammad ʿĀṣim: *„Millatu-Ibrāhīm und die Daʾwah der Propheten und Gesandten, sowie die Methoden der Ṭawāġīt bei ihrer Zerschmelzung und die Abhaltung der Träger der Daʾwah von ihr."*, 2013, PDF.

Youtube: Pierre Vogel: Lukas wird Muslim | Deutscher konvertiert zum Islam. 21.02.2018 https://www.youtube.com/watch?v=Z6HnEa7P4VQ (Letzter Zugriff: 15.05.2018).

Youtube: UseYourSkull: Deutsche Frau konvertiert zum Islam. 27.03.2012 https://www.youtube.com/watch?v=cPl98vR4k00 (Letzter Zugriff: 15.05.2018).

Youtube: Hindenburgstrasse: Deutscher konvertiert zum Islam und bekommt Mekka Reise geschenkt! 28.03.2017 https://www.youtube.com/watch?v=wNK7EAOMbG8 (Letzter Zugriff: 15.05.2018).

Twitter: Twitter.com/msn291 (mittlerweile geschlossen)

Islamische Internetauftritte

Facebook: We love Muhammed https://de-de.facebook.com/WeLoveMuhammadApp/ (Letzter Zugriff: 15.05.2018).

Facebook: Islam – die wahre Religion https://de-de.facebook.com/derwahreglaube/ (Letzter Zugriff: 15.05.2018).

Hizb ut-Tharir Dänemark: Hizb ut-Tahrir kalder muslimerne til at bruge deres stemme men ikke til folketingsvalget! (Hizb ut-Tahrir ruft Muslime auf, ihre Stimme zu benutzen aber nicht für die Parlamentswahlen!) http://www.hizb-ut-tahrir.dk/content.php?contentid=674&caller=http://hizb-ut-tahrir.dk/category.php?menuid=8 (Letzter Zugriff: 15.05.2018). (Google-Translate).

IMAM – Offizielle Webpräsentation http://www.iman.or.at/ (Letzter Zugriff: 15.05.2018).

http://www.iman.or.at/ueber-uns.html (Letzter Zugriff: 15.05.2018).

IGGiÖ: Klarstellung über die Stellungnahme des Beratungsrats der IGGÖ zum Thema „Die Stellung der Verhüllung im Islam" http://www.derislam.at/iggo/?f=news&shownews=2067 (Letzter Zugriff: 15.05.2018).

Youtube: IMAM-TV https://www.youtube.com/user/islammoves (Letzter Zugriff: 15.05.2018).

Abbildungsverzeihnis

https://koptisch.wordpress.com/2014/07/03/eine-milliarde-muslime-fur-das-chalifat-kampagne-bilder-aus-dem-westen/ (Letzter Zugriff: 15.05.2018).

Verweise

[1] Vgl. Amer Albayati, Auf der Todesliste des IS, Seite 58.
[2] Vgl. Thomas Schmidinger, „Jihadismus", Seite 15.
[3] Vgl. Prenner, „Mohammed", in: „Meisterdenker der Welt", Seite 191.
[4] Vgl. Hamed Abdel-Samad, Mohamed, Seite 44.
[5] Vgl. Jürgen Manemann, „Der Dschihad und der Nihilismus des Westens", Seite 26.
[6] Vgl. Hamed Abdel-Samad, Mohamed, Seite 13.
[7] Vgl. Hamed Abdel-Samad, Mohamed, Seite 47/48.
[8] Eine nicht vollständige deutsche Ausgabe gibt es u.a. hier: http://islamische-datenbank.de/sahih-al-buchari.
[9] Eine deutsche, nicht vollständige Version gibt es u.a. hier: http://islamische-datenbank.de/sahih-muslim.
[10] abzüglich der Wiederholungen, sonst umfasst es rund 7275 Hadithen.
[11] Vgl. Hamed Abdel-Samad, Mohamed, Seite 24.
[12] Sunna bedeutet so viel wie Brauchtum oder Tradition, generell ist die überlieferte Lebensweise Mohammeds gemeint.
[13] Vgl. Bassam Tibi, Der Euro-Islam", Seite 93.
[14] Vgl. Jürgen Manemann, „Der Dschihad und der Nihilismus des Westens", Seite 24.
[15] Vgl. Ahmad Monsour, Generation Allah, Seite 28.
[16] Der zweite Teil lautet: „… und ich bezeuge, dass Muhammad der Gesandte Allahs ist.".
[17] Vgl. Einsicht Strafakten.
[18] Vgl. Bassam Tibi, Der Euro-Islam, Seite 85.
[19] Vgl. https://www.profil.at/ausland/dschihad-riesenrad-die-isis-sympathisanten-oesterreich-376592.
[20] Vgl. Hamed Abdel-Samad, Der islamische Faschismus, Seite 202.
[21] Vgl. Tilman Seidensticker, Islamismus, Seite 27.

22 Vgl. Verfassungsschutz, Salafismus als politische Ideologie, Seite 17-22.
23 Vgl. https://kurier.at/chronik/oesterreich/die-islamischen-schattenschulen/249.491.234.
24 Persönliches Gespräch mit Amer Albayati.
25 Vgl. https://kurier.at/politik/mohamed-m-eine-chronologie/730.555.
26 Vgl. https://diepresse.com/home/politik/aussenpolitik/1376730/AustroIslamist-droht-Oesterreich-mit-Terror-.
27 Vgl. Parlamentarische Anfrage 12587/J XXIV. GP.
28 Vgl. Hamed Abdel-Samad, Der islamische Faschismus, Seite 190.
29 Vgl. Verfassungsschutz, Salafismus als politische Ideologie, Seite 17-22.
30 Vgl. https://kurier.at/chronik/wien/verteilern-gehen-koran-exemplare-aus/231.056.236.
31 Vgl. Facebook-Auftritt: https://de-de.facebook.com/WeLoveMuhammadApp/.
32 Vgl. Offizieller Internetaufritt: http://www.iman.or.at/.
33 Vgl. Facebook-Auftritt: https://de-de.facebook.com/derwahreglaube/.
34 Vgl. Ahmad Monsour, „Generation Allah", Seite 120/121, zitiert nach Mohammed M.
35 Vgl. Jürgen Manemann, „Der Dschihad und der Nihilismus des Westens", Seite 61.
36 Vgl. Peter Waldmann, Terrorismus, Seite 10.
37 Vgl. https://diepresse.com/home/politik/aussenpolitik/4633815/Analyse_AlSuri-und-der-Dschihad-der-Armen.
38 Vgl. Jürgen Manemann, „Der Dschihad und der Nihilismus des Westens", Seite 33.
39 Vgl. Jürgen Manemann, „Der Dschihad und der Nihilismus des Westens", Seite 34.
40 Vgl. Abdel-Samad Hamed, Der islamische Faschismus. Hier beschreibt der Autor ausführlich die Entwicklung des Faschismus im Islam und deren Auswirkungen bis hin zum terroristischen Jihad.
41 Vgl. Peter Waldmann, Terrorismus, Seite 29.
42 Vgl. Peter R. Neumann, Die neuen Dschihadisten, Seite 74.
43 Vgl. Thomas Schmidinger, „Jihadismus", Seite 44.
44 Vgl. Peter R. Neumann, Die neuen Dschihadisten, Seite 60/61.
45 Vgl. Peter R. Neumann, Die neuen Dschihadisten, Seite 57.
46 Vgl. Tilman Seidensticker, Islamismus, Seite 40.
47 Vgl. Jürgen Manemann, „Der Dschihad und der Nihilismus des Westens", Seite 58/59.
48 Vgl. Jürgen Manemann, „Der Dschihad und der Nihilismus des Westens", Seite 64.
49 Vgl. Kurt Salamun (Hrsg.), „Fundamentalismus interdisziplinär", Seite 23.
50 http://www.spiegel.de/politik/ausland/charlie-hebdo-radikale-muslime-feiern-anschlag-im-netz-a-1011896.html
51 Vgl. Österreichischer Integrationsfond, Islam in Österreich, Seite 7.
52 Auch wenn der Papst generell nur für die Katholiken spricht, hat er und der Vatikan dennoch eine große Machtposition.
53 Vgl. http://diepresse.com/home/panorama/oesterreich/5200447/Zahl-der-Muslime-in-Oesterreich-waechst-rapide.
54 In Österreich stellt diese Grundnorm die Verfassung dar.
55 Vgl. Islamgesetz 1912, Paragraf 2.
56 Vgl. Islamgesetz 1912, Paragraf 7.
57 Vgl. http://www.initiativeliberalermuslime.org/presse/moscheenvereine-islamische-kindergarten-und-schulen-mit-dschihadisten-und-eroberernamen-verbieten/.
58 Vgl. https://www.bmeia.gv.at/europa-aussenpolitik/menschenrechte/schwerpunktthemen/minderheitenrechte/.
59 Vgl. https://www.wienerzeitung.at/nachrichten/oesterreich/politik/843549_Der-Praesident-und-der-Scherbenhaufen.html?em_cnt_page=2.
60 Koran Sure 3, Vers 110.
61 Vgl. Sicherheitsbericht 2015, Seite 23.
62 Parlamentarische Anfrage XXIGP.-NR. 12591/J.
63 http://www.heute.at/oesterreich/wien/story/Nora-Illi-in-Wien--Das-ist-die-Burka-Provokateurin--52725564.
64 Vgl. Bassam Tibi, Der Euro-Islam", Seite 115.

⁶⁵ Vgl. https://www.n-tv.de/politik/Molenbeek-hat-seinen-Ruf-zu-Recht-article17369321.html.
⁶⁶ Vgl. Tilman Seidensticker, Islamismus, Seite 10.
⁶⁷ Vgl. Ernst Topitsch, Heil in und jenseits der Zeit, in: Ideologie und Ideologiekritik, Seite 65.
⁶⁸ Vgl. Valentin Zsifkovits, Ethik des Friedens, Seite 100-107.
⁶⁹ Vgl. Abdel Hamed-Samad, Der Islamische Faschismus, Seite 27/28.
⁷⁰ Vgl. https://www.integrationsfonds.at/publikationen/forschungsberichte/forschungsbericht-rolle-der-moschee-im-integrationsprozess/.
⁷¹ Vgl. Amer Albayati, Auf der Todesliste des IS, Seite 71.
⁷² Vgl. Farid Hafez, Islamisch-politische Denker, Seite 153.
⁷³ Vgl. Studie The Muslim Brotherhood in Austria, Seite 9.
⁷⁴ Vgl. Amer Albayati, Auf der Todesliste des IS, Seite 65.
⁷⁵ Verfassungsschutzbericht Baden-Württemberg 2009, Seite 57.
⁷⁶ Vgl. Strategiepapier The Project, wird der Muslimbruderschaft zugeordnet. Original und ins Englische übersetzt: https://www.investigativeproject.org/documents/misc/687.pdf.
⁷⁷ Vgl. Amer Albayati, Auf der Todesliste des IS, Seite 68.
⁷⁸ Vgl. Yusuf al-Qaradawi, Das Erlaubte und Verbotene im Islam, eine Kopie: http://www.lichtwort.de/_books/erlaubtes_und_verbotenes.pdf.
⁷⁹ BMI GZ: BMI-LR2220/0546-II/2014.
⁸⁰ Vgl. https://www.welt.de/debatte/article9723059/Wie-die-Islamisten-Deutschland-unterwandern.html.
⁸¹ Vgl. https://extremism.gwu.edu/sites/g/files/zaxdzs2191/f/MB%20in%20Austria-%20Print.pdf.
⁸² http://www.hizb-ut-tahrir.dk/content.php?contentid=674&caller=http://hizb-ut-tahrir.dk/category.php?menuid=8 (aus dem Dänischen von Google-Translate, vom Autor sprachlich verbessert).
⁸³ Vgl. http://www.wienerzeitung.at/themen_channel/integration/gesellschaft/225584_Das-Kalifat-als-eigentliche-Heimat.html.
⁸⁴ Vgl. https://kurier.at/politik/inland/kinder-zeigen-in-moscheen-rechtsextremen-wolfsgruss/400026301.
⁸⁵ Vgl. https://kurier.at/chronik/oesterreich/offene-propaganda-fuer-graue-woelfe-in-kulturvereinen/400026691.
⁸⁶ Vgl. Amer Albayati, Auf der Todesliste des IS, Seite 58.
⁸⁷ Vgl. https://diepresse.com/home/panorama/oesterreich/3875981/Das-sind-Oesterreichs-500000-Muslime.
⁸⁸ Vgl. http://www.kleinezeitung.at/politik/innenpolitik/5272484/Causa-Islamschule_Sie-wollen-einen-strengen-Islam.
⁸⁹Vgl. http://religion.orf.at/stories/2845046/.
⁹⁰ Vgl. Amer Albayati, Auf der Todesliste des IS, Seite 65.
⁹¹ Vgl. http://www.initiativeliberalermuslime.org/presse/das-neue-islamgesetz-ist-der-nahrboden-fur-radikale-islamisten-als-nahrboden-fur-den-dschihadismus-und-terrorismus/.
⁹² Vgl. http://www.kleinezeitung.at/steiermark/graz/4989687/Interview_Extremisten-sind-meine-Feinde.
⁹³ Vgl. https://www.ots.at/presseaussendung/OTS_20150211_OTS0027/die-aenderungen-im-neuen-islamgesetz-sind-der-naehrboden-fuer-radikale-islamisten-und-terrorismus.
⁹⁴ https://www.wienerzeitung.at/nachrichten/oesterreich/politik/843549_Der-Praesident-und-der-Scherbenhaufen.html?em_cnt_page=2.
⁹⁵ Parlamentarische Anfrage, 8806/J XXIV. GP.
⁹⁶ Vgl. Antwortschreiben, XXIV GP-NR. 8626.
⁹⁷ Vgl. https://diepresse.com/home/panorama/oesterreich/5306870/Wirbel-um-salafistische-Schriften-fuer-Haeftlinge.
⁹⁸ Parlamentarische Anfrage, 8947/J XXIV. GP, 04.07.2011.
⁹⁹ Vgl. http://www.derislam.at/iggo/?f=news&shownews=2067.
¹⁰⁰ Koran, Sure 16, 125.
¹⁰¹ Vgl. Ahmad Monsour, „Generation Allah", Seite 118.

[102] Vgl. https://www.youtube.com/watch?v=Z6HnEa7P4VQ.
[103] Vgl. https://www.youtube.com/watch?v=cPl98vR4k00.
[104] Vgl. https://www.youtube.com/watch?v=wNK7EAOMbG8.
[105] Vgl. https://www.investigativeproject.org/documents/testimony/49.pdf.
[106] Vgl. Ahmad Monsour, „Generation Allah", Seite 34.
[107] Vgl. https://kurier.at/chronik/wien/verteilern-gehen-koran-exemplare-aus/231.056.236.
[108] Vgl. Parlamentarische Anfrage XXIV.GP.-NR12577/J.
[109] Vgl. Parlamentarische Anfrage XXIV.GP.-NR12577/J.
[110] Einsicht Strafakten.
[111] Vgl. https://de-e.facebook.com/diewahrereligion/.
[112] http://www.iman.or.at/.
[113] Vgl. https://www.youtube.com/user/islammoves.
[114] Vgl. http://www.iman.or.at/ueber-uns.html.
[115] Vgl. http://www.heute.at/oesterreich/wien/story/SP---Aufregung-in-Wien-um-Amir-El-Shamy-46359012.
[116] Vgl. http://www.initiativeliberalermuslime.org/presse/spo-politiker-amir-al-shamy-attackiert-aleviten-und-missachtet-damit-in-gesetzwidriger-weise-das-islamgesetz/.
[117] Vgl. Haddithen Sammlung Sahih Muslim, Hadith 270.
[118] Vgl. https://www.welt.de/politik/ausland/plus173584396/Zvi-Jecheskeli-Wie-ein-Journalist-als-falscher-Islamist-deutsche-Behoerden-vorfuehrt.html.
[119] Vgl. Ahmad Monsour, „Generation Allah", Seite 119.
[120] Vgl. https://diepresse.com/home/politik/terror/344615/Neues-Terrorvideo-Drohung-gegen-Oestereich.
[121] http://diepresse.com/home/panorama/wien/5157750/ISAnhaenger-plante-Anschlag-in-Wien.
[122] Vgl. http://www.salzburg24.at/festnahme-in-graz-wegen-terrorverdachts-25-jaehriger-in-haft/5153322.
[123] Vgl. https://mobile.nytimes.com/2016/08/04/world/middleeast/isis-german-recruit-interview.html?_r=0.
[124] Koran Sure 3,54.
[125] Koran Sure 3,28.
[126] Vgl. https://mobile.nytimes.com/2016/08/04/world/middleeast/isis-german-recruit-interview.html?_r=0.
[127] Vgl. http://www.t-online.de/nachrichten/ausland/id_77361880/islamischer-staat-hat-hunderte-kaempfer-nach-europa-geschickt.html.
[128] Vgl. Lone Mujahid Pocketbook, Seite 51.
[129] Vgl. Einsicht Strafakten.
[130] Persönliches Gespräch mit Amer Albayati.
[131] Vgl. https://derstandard.at/2000045152155/Urteil-Grazer-Amokfahrer-fuer-zurechnungsfaehig-befunden
[132] Vgl. http://www.heute.at/welt/news/story/Terroristen-wollen-Zuege-entgleisen-lassen-59661928.
[133] Vgl. Ahmad Monsour, „Generation Allah", Seite 36.
[134] Parlamentarische Anfrage 12586/J XXIV. GP, zitiert nach dem Magazin „Al Risalah".
[135] Vgl. Einsicht Strafakten.
[136] Vgl. Parlamentarische Anfrage, XXIV.GP.-NR 12592/J.
[137] Vgl. https://derstandard.at/2000053819748/Balkan-Salafisten-nach-Razzia-schwer-angeschlagen.
[138] Vgl. http://www.taz.de/!1118274/.
[139] Vgl. https://diepresse.com/home/ausland/aussenpolitik/5383692/100-Jihadisten-aus-Oesterreich-noch-in-Syrien-und-Irak.
[140] Vgl. https://oe1.orf.at/artikel/634415.

[141] Vgl. http://www.deutschlandfunk.de/salafistendorf-gornja-maoca-in-bosnien-is-flagge-zur.795.de.html?dram:article_id=344927.
[142] Vgl. Verfassungsschutzbericht 2006, Seite 75.
[143] Vgl. https://www.profil.at/oesterreich/scharia-import-tuerkei-saudi-arabien-golfstaaten-hunderte-vereine-oesterreich-378548.
[144] Seit den 1970er Jahren kam es immer wieder zu einzelnen Terroranschlägen in Österreich, mehrheitlich gehen diese Anschläge auf palästinensische und armenische Extremisten zurück. Diese Terroranschläge können meiner Meinung nach nicht mit der Ideologie des Jihadismus erklärt werden.
[145] Vgl. http://derstandard.at/1263706531659/GrossrazziagegenIslamisten.
[146] Vgl. Parlamentarische Anfrage 12600/J XXIV. GP.
[147] Vgl. Einsicht Strafakten.
[148] http://diepresse.com/home/panorama/oesterreich/3817309/Kaempfer-fuer-Syrien-rekrutiert-Grazer-Prediger-in-UHaft.
[149] Vgl. https://kurier.at/politik/ausland/kreml-todfeind-doku-umarow-ist-tot/56.547.370
[150] Vgl. https://www.tagesspiegel.de/politik/schauplaetze-des-dschihads-im-kaukasus-tobt-der-heilige-krieg-seit-jahrhunderten/10079790-6.html.
[151] Strafakteneinsicht.
[152] Vgl. Einsicht Strafakten.
[153] Vgl. Einsicht Strafakten.
[154] Vgl. Albert Busch/Oliver Stenschke, Germanistische Linguistik, Seite 28-32.
[155] Vgl. Albert Busch/Oliver Stenschke, Germanistische Linguistik, Seite 216-221.
[156] Vgl. https://diepresse.com/home/ausland/aussenpolitik/5274492/BarcelonaTerror_Predigte-Imam-Es-Satty-auch-in-Wien.
[157] Vgl. http://www.spiegel.de/politik/ausland/anschlaege-von-barcelona-richter-stoppte-abschiebung-von-abdelbaki-es-satty-a-1164279.html.
[158] Vgl. https://www.news.at/a/wiener-imam-predigt-vollverschleierung-8036579.
[159] Vgl. Hamed Abdel-Samad, Der islamische Faschismus, Seite185-186.
[160] Vgl. Vgl. https://www.news.at/a/wiener-imam-predigt-vollverschleierung-8036579.
[161] Vgl. Jürgen Manemann, „Der Dschihad und der Nihilismus des Westens", Seite 21.
[162] Vgl. Ahmad Monsour, „Generation Allah", Seite 19.
[163] Der Begriff „Götzenbilder" dient in der Argumentationskette als Platzhalter für Regierungen, Einzelpersonen, aber auch für politische Systeme wie Demokratie oder Kapitalismus.
[164] http://www.faz.net/aktuell/politik/inland/urteil-zu-scharia-polizei-bundesgerichtshof-korrigiert-landgericht-wuppertal-15388225.html.
[165] Vgl. https://www.zeit.de/gesellschaft/zeitgeschehen/2018-01/wuppertal-bundesgerichtshof-scharia-polizei-freispruch-aufhebung.
[166] Vgl. Ahmad Monsour, „Generation Allah", Seite 59.
[167] Vgl. Hamed Abdel-Samad, Der islamische Faschismus, Seite 187.
[168] Vgl. Hamed Abdel-Samad, Der islamische Faschismus, Seite 75/76.
[169] https://www.welt.de/print/die_welt/politik/article149472293/Seit-ueber-1-400-Jahren-warten-wir-auf-euch.html.
[170] http://diepresse.com/home/panorama/wien/3863220/Wiener-Jihadist_Islamisches-Zentrum-ruestet-IS-auf-.
[171] http://wien.orf.at/news/stories/2666972/.
[172] Vgl. Amer Albayati, Auf der Todesliste des IS, Seite 83.
[173] Strafakten.
[174] Vgl. Sure 4,159
[175] Vgl. Dabiq, Ausgabe 7, Seite23/24.
[176] Vgl. https://www.profil.at/oesterreich/is-terror-warum-dschihadisten-378022.
[177] Der Name ist dem Autor bekannt, dieser darf aber nicht veröffentlicht werden, daher wird hier das Kürzel M.I. verwendet. Seine Reise startete in Salzburg, mittlerweile ist die Person in Österreich verurteilt.

[178] Vgl. http://diepresse.com/home/panorama/oesterreich/3817309/Kaempfer-fuer-Syrien-rekrutiert-Grazer-Prediger-in-UHaft.
[179] Vgl. http://www.zeit.de/gesellschaft/zeitgeschehen/2016-04/sven-lau-salafistischer-predigerterrorismus-syrien-wuppertal.
[180] Vgl. http://www.pewglobal.org/2016/04/27/the-divide-over-islam-and-national-laws-in-the-muslim-world/.
[181] Quelle: Twitter.com/msn291 (mittlerweile geschlossen).
[182] Vgl. Jürgen Manemann, „Der Dschihad und der Nihilismus des Westens", Seite 26/27.
[183] Vgl. Christian Pfeiffer u.a., Zur Entwicklung der Gewalt in Deutschland Seite 60.
[184] Vgl. https://www.focus.de/politik/deutschland/brisante-studie-in-schulen-niedersachsen-jeder-dritte-muslimische-schueler-wuerde-im-namen-des-islam-kaempfen_id_8279182.html.
[185] Vgl. Amer Albayati, Auf der Todesliste des IS, Seite 87/88.
[186] Vgl. http://www.wienerzeitung.at/nachrichten/wien/stadtpolitik/704035_Islamschule-im-Kreuzfeuer.html.
[187] Vgl. Koran u.a. Sure 5,60 und Sure 7,166.
[188] Beschützer wird auch als Freunde übersetzt.
[189] Koran Sure 5,51.
[190] Strafakten.
[191] Strafakten.
[192] Strafakten.
[193] Vgl. http://wien.orf.at/news/stories/2665315.
[194] Vgl. http://www.20min.ch/schweiz/news/story/-Allah--zerstoere-die-Juden--Christen-und-Hindus--11494703.
[195] Vgl. http://www.kleinezeitung.at/steiermark/chronik/4694828/MAeDCHEN-IN-UHAFT_Acht-von-19-Grazer-Moscheen-sind-islamistisch.
[196] Vgl. https://www.welt.de/debatte/article9723059/Wie-die-Islamisten-Deutschland-unterwandern.html.
[197] Vgl. http://www.spiegel.de/lebenundlernen/schule/gemeinschaftsschule-bruchwiese-in-saarbruecken-der-brandbrief-schock-a-1183578.html.
[198] Vgl. Studie: Erfahrungsberichte aus dem Schulalltag.
[199] Vgl. Ahmad Monsour, „Generation Allah", Seite 60.
[200] Die folgenden Daten sind dem Projektbericht der Studie entnommen: Vgl. https://www.graz.at/cms/dokumente/10307649_7744790/71470597/Religi%C3%B6se%20und%20ethische%20Orientierungen%20von%20muslimischen%20Fl%C3%BCchtlingen%20in%20Graz_Endbericht%20Ednan%20Aslan.pdf.
[201] Vgl. Ahmad Monsour, „Generation Allah", Seite 11.
[202] Vgl. https://www.profil.at/oesterreich/pop-dschihadisten-wie-jugendliche-is-terror-377972.
[203] Einsicht Strafakten.
[204] Vgl. Jürgen Manemann, „Der Dschihad und der Nihilismus des Westens", Seite 97.
[205] Vgl. Ahmad Monsour, „Generation Allah", Seite 10.
[206] Vgl. Hamed Abdel-Samad, Der islamische Faschismus, Seite 204.
[207] Vgl. Aslan, Evaluierung ausgewählter Islamischer Kindergärten und –gruppen in Wien.
[208] Vgl. Studie Islamische Kindergärten und -Gruppen, Seite 1.
[209] Vgl. Aslan, Evaluierung ausgewählter Islamischer Kindergärten und –gruppen in Wien, Seite 28.
[210] Vgl. Studie Islamische Kindergärten und -Gruppen, Seite 2.
[211] Studie Islamische Kindergärten und -Gruppen, Seite 60.
[212] Vgl. Studie Islamische Kindergärten und -Gruppen, Seite 62.
[213] Vgl. Studie Islamische Kindergärten und -Gruppen, Seite 63.
[214] Vgl. https://www.ots.at/presseaussendung/OTS_20170314_OTS0034/moscheenvereine-islamische-kindergaerten-und-schulen-mit-dschihadisten-und-eroberernamen-verbieten.
[215] Vgl. http://diepresse.com/home/import/thema/658212/Vereine-Imame-Kulturzentren_Der-lange-Arm-der-Tuerkei.
[216] Vgl. http://noe.orf.at/news/stories/2824912/.

[217] Vgl. https://derstandard.at/2000061621308/Kultusamt-prueft-zwei-Islamische-Vereine.
[218] Vgl. Ahmad Monsour, „Generation Allah", Seite 125.
[219] Vgl. Parlamentarische Anfrage XXIV.GP.-NR.12597/J.
[220] Parlamentarische Anfrage XXIV.GP.-NR.12597/J.
[221] Vgl. ttp://www.initiativeliberalermuslime.org/presse/moscheenvereine-islamische-kindergarten-und-schulen-mit-dschihadisten-und-eroberernamen-verbieten.
[222] Ebda.
[223] Ebda.
[224] wird meisten von Männern gesungen, ohne Instrumente und ist vor allem durch islamisch-religiöse Inhalte gekennzeichnet. In der islamistischen Szene sind besonders Kampf- Nasheeds weit verbreitet. Sie thematisieren u.a. die Märtyrer und den Jihad.
[225] Vgl. https://www.bz-berlin.de/welt/erdogan-fragt-kleines-maedchen-ob-es-maertyrer-werden-will.
[226] Vgl. https://www.focus.de/politik/videos/weihnachtsmarkt-ludwigshafen-anschlagsplan-von-zwoelfjaehrigem-schockiert-doch-es-gab-schon-aehnliche-faelle_id_6364681.html.
[227] Stand November 2016.
[228] Vgl. Sicherheitsbericht 2016, Seite 27 auch Sicherheitsbericht 2015, Seite 23/24.
[229] Einsicht Strafakten.
[230] http://www.oe24.at/welt/ISISschleustemehrTerroristeneinalsgedacht/235188850.
[231] Einsicht Strafakten.
[232] Vgl. Amer Albayati, Auf der Todesliste des IS, Seite 95.
[233] Vgl. https://diepresse.com/home/politik/innenpolitik/4849007/70-Rueckkehrer-aus-Syrien-Irak.
[234] Vgl. https://www.stern.de/tv/gefaehrder-hinter-gittern--wie-sich-islamisten-in-deutschen-gefaengnissen-radikalisieren-7879392.html.
[235] Vgl. Jürgen Manemann, „Der Dschihad und der Nihilismus des Westens", Seite 33.
[236] Vgl. https://www.abendblatt.de/article213970833/Hamburger-Alstervergnuegen-2018-endgueltig-abgesagt.html.
[237] Vgl. Einsicht Strafakten.
[238] Vgl. https://www.welt.de/politik/deutschland/article163912228/Tausende-Fluechtlinge-bezeichnen-sich-als-Ex-Taliban-Kaempfer.html.
[239] http://www.europarl.europa.eu/austria/de/aktuell-presse/meldungen/meldungen-2017/februar-2017/pr-2017-februar-11.html.
[240] Vgl. Amer Albayati, Auf der Todesliste des IS, Seite 93.
[241] Vgl. Ahmad Monsour, „Generation Allah", Seite 36.
[242] Der Präsident des spanischen „Verbandes islamischer Religionsgemeinschaften, *Mounir Benjelloun El Andaloussi*, nach dem Terroranschlag in Spanien, Vgl. https://www.yabiladi.com/articles/details/56640/mounir-benjelloun-conspiration-contre-l-islam.html (Google-Translate).
[243] Vgl. Amer Albayati, Auf der Todesliste des IS, Seite 94.
[244] Vgl. https://www.zeit.de/gesellschaft/zeitgeschehen/2018-04/salafismus-zuwachs-islamismus-landesbehoerden-verfassungsschutz-deutschland.